孟凡华 ◎ 著

南存辉

让梦想照进现实

台海出版社

图书在版编目（CIP）数据

南存辉：让梦想照进现实／孟凡华著 .—北京：台海出版社，2016.5

ISBN 978 - 7 - 5168 - 0993 - 8

Ⅰ.①南… Ⅱ.①孟… Ⅲ.①南存辉—传记 Ⅳ.①K825.38

中国版本图书馆 CIP 数据核字（2016）第 090823 号

南存辉：让梦想照进现实

著　者：孟凡华

责任编辑：刘文卉

装帧设计：张子墨　　　　　　　版式设计：红　英

责任校对：刘　操　　　　　　　责任印制：蔡　旭

出版发行：台海出版社

地　址：北京市朝阳区劲松南路 1 号　　邮政编码：100021

电　话：010 - 64041652（发行，邮购）

传　真：010 - 84045799（总编室）

网　址：http://www.taimeng.org.cn/thcbs/default.htm

E - mail：thcbs@126.com

经　销：全国各地新华书店

印　刷：三河市腾飞印务有限公司

本书如有破损、缺页、装订错误，请与本社联系调换

开　本：710 mm × 1000 mm　1/16

字　数：189 千字　　　　　　　印　张：17.25

版　次：2016 年 7 月第 1 版　　　印　次：2024 年 1 月第 2 次印刷

书　号：ISBN 978 - 7 - 5168 - 0993 - 8

定　价：58.00 元

引 子

小鞋匠的蜕变，低压电器大王的传奇

2014年7月3日至4日，中华人民共和国主席习近平开启了为期两天的访韩之旅。随行的，还有一个由250多人组成的中方经贸代表团。代表团成员中，全国政协常委、浙江省工商联主席、正泰集团董事长南存辉俨然在列。作为中国新能源和科技企业的代表，南存辉在7月4日举行的中韩经贸合作论坛上作了发言。发言中，他借用了韩国总统朴槿惠2013年6月份在北京演讲时说的话："要走得快，就一个人走；""要走得远，就要一起走"。创业多年，南存辉并不贪图企业走得多快，他所追求的，一直是企业如何能走得长远。

南存辉，算得上是一个地地道道的"草根英雄"。在说南存辉之前，我们有必要说一说他的出生地——浙江温州。

温州，位于浙江省东南部，算得上是一个"地大"的城市，陆域面积近12万平方公里。但是，它却算不上是一个"物博"的城市，在这12万平方公里的面积中，丘陵山地居然占据了总面积的78.2%，岛屿占到1.5%，江河占到2.8%，而人们赖以生存的平原，却只占到17.5%。所以，中国历史上人们公认的"土地肥沃就意味着物产丰硕、百姓富裕"的规律，在温州这片土地上并不成立。

常言道：靠山吃山，靠水吃水，有什么资源就生产什么产品。但是温州呢？除了100多公里的海岸，几乎没有其他自然资源。所以，多年以前，生活在这座滨海城市的人们，生活质量只能游荡在落后的水平线下。

穷则思变，这句话用在温州人的身上，真是再恰当不过了。正因为穷，他们才时刻想着如何摆脱贫穷，时刻想着如何谋求改变。其中一些人，时刻用自己的眼睛扫视着周围的一切，寻找着一切可以利用、可以改变的机会。终于，机会来了。

1978年12月，中国共产党召开了十一届三中全会，会上确立了"以经济建设为中心"的基本方针。1980年8月，邓小平在中共中央政治局扩大会议上作了题为《党和国家领导制度的改革》的讲话，为中国的政治体制改革指明了方向。从此，"改革开放"成为20世纪80年代至今最盛行的语言。

就在改革开放的前后几年，一些头脑敏捷的温州人，似乎从周围的空气中嗅到了不一样的气息，开始慢慢地探出触角，尝试前方的路。于是，一批又一批原本一无所有的温州人，抓住了身边转瞬即逝的商机，开始发挥出他们的聪明才智，然后快马扬鞭，一路狂奔。他们如同海面上汹涌的波涛，一浪跟着一浪，后浪追着前浪，历经艰难险阻，创造了闻名遐迩的"温州模式"，也书写了充满传奇色彩的"温州速度"。这些人中，自然就包括南存辉。

在温州，南存辉几乎是一个家喻户晓的名字。提起南存辉，很多人最佩服的是他的创业精神、创业思维、创业成就。可又有谁知道，这一系列让人佩服的理由背后，是由不为人知的汗水和泪水浇灌而成的。

20 世纪 60 年代初期生于瓯江之畔的南存辉，可以说是"生不逢时"。他出生、成长的年代，正是物质极度贫乏的年代。3 年自然灾害影响还没有完全消除，中国大地上又开始爆发了长达 10 年之久的文化大革命，这对还没有完全恢复的中国经济，无异于雪上加霜。

在南存辉儿时的记忆中，最深刻的一个字就是"穷"。可以说，当时，南存辉的家里实在是太穷了！穷到什么程度？吃的，是有了上顿没有下顿；穿的，是补丁摞着补丁的衣服；住的，是外边下着大雨屋里下着小雨的房子。这些记忆深深刻在他的内心深处，从某种程度上来说，这也成了他后来努力奋斗的动力。

也可以说，南存辉成长的年代是"恰逢其时"，因为如果没有当初刻骨铭心的贫穷记忆，也许就很难有以后他绝不服输的动力。所以说，是时势造就了英雄。

13 岁那年，因为一场意外的家庭变故，南存辉不得不担起养家糊口的担子，他告别了校园，走上了柳市街头，成为一个子承父业的小修鞋匠，而且一修就是 3 年。正是这修鞋的 3 年时间，教会了他很多宝贵的人生经验，进而造就了优秀的品格，为他以后创业积蓄了无限的力量。

温州是中国民营经济的发源地，也是一个英雄辈出的地方。南存辉算得上是温州第一代民营企业家。这一批民营企业家，大部分出生于 20 世纪 60 年代，这个年代，人们充满着革命精神，但普遍生活困难；而他们成长的 70 年代，正是集体主义盛行的年代，也影响着他们的心路历程；80 年代，中国开始走向改革开放，而他们也开始迈向成熟的行列，有了追求个人成功境界的资本。

改革开放前后，中国个体经济开始起步，一份统计数据显示：1978 年，全国个体工商户的数量是 14 万户，而到 1986 年，则达到了 1211 万户。"劳动致富"对绝大多数生活在计划经济体制下的人来说虽然还是一个梦想，但"致富光荣"的意识已深入人心。

而南存辉，就是在 1979 年放下了修鞋的担子，毅然决然地扑入了带给他无限诱惑的商海中，从此开始了艰难跋涉。

如果说，刚进入商海的前几年，南存辉只是小打小闹的"瞎折腾"，那么从 1984 年开始，他则正式步入创业的历程——他和朋友合资，开办了一个求精开关厂。虽然这个工厂很小，甚至还算不上工厂，只能称作一个前店后厂的小作坊，但就是这个小作坊，后来孕育了柳市低压电器的龙头企业——正泰。

今年，是正泰的 30 岁生日。在这 30 年中，南存辉将一个名不见经传的小厂，打造成了一个国际化的企业集团，业务范围涉及电器、太阳能光伏、清洁能源产业。而做企业 30 年来，南存辉的身上，也围绕着无数的光环：中国十大杰出青年；世界青年企业家杰出成就奖获得者；2002 年 CCTV 中国经济年度人物；40 岁时就已连续几年入选美国《福布斯》杂志排名的中国富豪；一个多次受到党和国家领导人接见，并进中南海汇报工作的"中国低压电器大王"；连续三届的全国人大代表；全国政协委员等等。

然而，南存辉并不看重这一切，不管是命运对他的眷顾也好，还是人生使然也好，他一直在人生的路上稳稳地走着，继续谋划着正泰未来的发展方向。

有人说，这是一个最坏的时代，因为陷阱无处不在，一个不小心，你就有可能跌进去，出来时，已是满身伤痕。

有人说，这是一个最好的时代，机遇与奋斗成为时代的主旋律，只要你肯努力，这个时代自然不会亏待你。

人们说，南存辉创造了一个传奇，那就是正泰；而他本身也是一个传奇，一个由小鞋匠成长为中国低压电器大王的传奇。

南存辉自己则说，这世界上没有什么传奇，传奇故事的背后是艰苦的努力和辛勤的付出，自己的成功得益于"两个翅膀"：一个叫理想，一个叫毅力。

改革开放30多年以来，风云变幻中，一批批企业和企业创办者倒下去了，一批批企业和企业创办者也相继成长。而南存辉，依然带领他的正泰集团，在大浪淘沙中泰然前行，继续书写着中国民营经济发展的传奇。

在追寻和回望中，探寻南存辉的成长轨迹，寻找他的攻守之道，或许，我们能够找到解密这部传奇的钥匙。

目 录

第一章
创业前传，不平凡的平凡少年

童年的考验

探寻南存辉的成长轨迹，自然不能忽略他的童年生活，因为一个人的童年经历，很大程度上影响其未来发展。正如奥地利心理学家弗洛伊德所持的观点：一个人成年后的行为，很大一部分是由其童年经历所形成的性格导致的。他还认为，一个人的性格，在童年时代就已经决定了，成年后很难改变。

当然，弗洛伊德的观点也有其片面性，因为万事万物的变化是谁也无法预测的，更无法完全准确测试出一个人的性格形成的多种因素。但是，有关童年的记忆，却是每个人心中都抹不掉的印记。

因为童年，是人生最珍贵的一笔财富，也是生命中最闪亮、最诱人的磁场。每个人，都有不一样的童年，不一样的记忆，而无论记忆是美好还是伤悲，它都仿佛是被下过"魔咒"一般，时不时的会"蹦"出来，让人仔细回味咀嚼一番，再咂摸点其中的味道。

童年，有着深刻的时代烙印，每个人的童年是不一样的，但同一时代出生的人，在他们关于童年的记忆中，总是能找到相似的片断。

比如，2000 年以后出生的孩子，他们眼中的童年大多是五彩斑斓的；20 世纪八九十年代出生的孩子，他们眼中的童年是欢乐而充满梦想的；20 世纪 60 年代出生的孩子，他们记忆中的童年是贫穷、饥饿的。因为这是时代给他们打上的标签。

出生于 20 世纪 60 年代初期的南存辉，不可避免地受到了当时时代的影响，贫穷与饥饿始终是围绕在他左右的两个不离不弃的伙伴，陪伴着他渡过了整个童年。

南存辉所出生的柳市镇，归属于浙江省温州市乐清县，它东临乐清湾，西接永嘉县，南濒瓯江，与温州市区隔江相望，北抵乐清市区，而西北，则是以"寰中绝胜"著称的国家级风景名胜区雁荡山南麓。现在的柳市镇，是浙江温州的一个传奇，是一个占据全国电器市场份额 80% 的地方，是一个为"神舟"系列太空飞船提供电器组件保驾护航的地方，也是一个可以在美国街道上看到其电器广告的地方，更是一个党和国家领导人都特别关注和重视的地方。

现在的柳市镇，是一个"富得流油"的城镇，它以生产经营低压电器而驰名中外，被誉为"中国电器之都"。南存辉和他的正泰集团，就是在这里起家的。

如果将时间追溯到 50 多年前，再来看看柳市这个小镇，真不知道用什么词来形容更为贴切，贫穷、落后、破败、荒弃，好像都不足以表达。以至于有过亲身感受的南存辉，看看眼前的一切，再回忆自己的童年，想想当年自己走过的足迹，常常有恍若隔世之感。

出生于 1963 年的南存辉是家中的长子，他的到来，给这个贫穷的家庭带来了很多欢乐，初为人父人母的喜悦，让南存辉的父母笑得合不拢嘴，尽管当时的生活条件很贫苦，突然之间多了一张嘴，又多了一重负担，但是，每个孩子都是父母手心里的宝贝，南存辉的父母同样如此。尽管有父母的爱陪伴他成长，但是，那个年代实在是太贫苦了。不知道是不是可以用"生不逢时"来形容他，在他出生的前两年，中国发生了一场轰轰烈烈的大跃进运动，当时，以牺牲农业发展工业的政策导致了全国性的粮食短缺和饥荒。而在他还不满 3 岁时，又一场大的风暴席卷而来。1966 年，一场声势浩大的"文化大革命"拉开了帷幕，而且长达 10 年之久，这不仅造成了人们精神上的溃败，更造成了物质上的极度贫乏。

在南存辉的记忆中，小时候自己的家真的很破，破到什么程度？用碎石片垒成的墙胡乱堆在那里，透露出不安分的棱角，给人摇摇欲坠的感觉；用茅草铺盖的屋顶，也争相旁逸斜出，似乎是不甘于眼前的寂寞；用竹帘遮挡的门，一阵风吹来，总是调皮的卷起来。浙江一带的夏季雨特别大，每到下雨的时节，外面下着大雨，屋里就下着小雨，用来接雨的盆盆罐罐摆放一地，一家人根本无处栖身。

住的条件差，吃穿自然也不会好到哪里去。常常是吃完了这顿饭，还不知道下顿饭的米在哪里。衣食住行是人生活在世上最基本的要求，也是满足生命成长的必备条件，南存辉就是在这种衣食住只能勉强维持的境况下成长的。

虽然贫穷是一道烙印，烙在了他的内心深处，然而，欢乐的日子也并不缺乏，童年的贫穷并没有影响南存辉的欢乐：提着鸡蛋沿街叫卖是欢乐的；帮助家里打猪草、挑稻秆也是欢乐的；用细铁丝把落叶一片片串起来晒干之后当柴烧，更是欢乐的。

欢乐的体验伴随着贫穷，同南存辉一起成长。现在看来，贫穷对于当时的南存辉来说，也未必是一件坏事。贫穷并未让他产生自卑的心理，相反却磨练了他坚强的意志和永不服输的性格。这对他来说，才是最宝贵的财富。

大作家高尔基在其代表作《童年》中曾经这样描述因生活贫穷而产生的痛苦体验："人由于生活穷困贫乏，都喜欢用痛苦来排遣发泄，他们像孩子一样玩弄痛苦，而且绝不因为穷困贫乏而感到羞愧。在平淡的，无聊得让人绝望的日子里，一切都扭曲了。痛苦像过节一样周期性地爆发……"所幸的是，南存辉的童年虽然贫穷，却没有产生这样痛苦的体验。

南存辉的父亲是一个普普通通的农民，虽然读书不多，却非常开明。不管生活怎样贫穷，物质条件怎样恶劣，父亲始终乐观地对待生活，这对童年的南存辉影响非常大。随着弟弟妹妹的出生，父亲身上的担子更重了，但是，无论条件怎样艰苦，父亲都不会把怨气撒在孩子身上，所以一家人的日子虽然贫苦，却也其乐融融。

南存辉聪明，这在他的学生时代就显露无遗。入学以后，南家的破墙上，就开始贴满了各种各样大红的奖状，一层覆盖着一层。从小学到初中，他三次跳级，所有教过他的老师都认为，这个孩子将来一定有出息！

当然，这些老师口中的"将来一定有出息"，是指南存辉学业上的成功。依照当时的成绩看，如果他在求学的路上继续走下去，就一定会"有出息"。说这些话的时候，老师们不会想到，后来的一些变故，没有让南存辉在学业方面走得更远，却让他在另一领域成了一个"有出息"的人。

在老师们口口相传南存辉将来一定"有出息"的时候，南存辉心里也涌动着自己的理想，那就是："到国企里做一名工人"。

20 世纪 60 至 70 年代，"国企工人"是一个光荣的称谓，也是一个非常有诱惑力的字眼，如果谁家能有一个亲戚在国营企业里当工人，那一家人都跟着"沾光"，出门时都可以理直气壮，腰板挺直，脸泛红光。单从这一点来说，南存辉"到国企里做一名工人"的理想算得上是相当远大的。

然而，现实并没有给南存辉实现这个理想的机会，他没能按照自己划定的路线顺利地走下去，一场突如其来的灾难，改变了他的生活轨迹。

父亲在劳动中，被水泵砸伤了脚，医生的诊断是粉碎性骨折，需要休养，一两年内不能参加体力劳动。当时，南存辉只有 13 岁，离初中毕业还有 15 天。

父亲的伤痛对这个原本贫穷的家庭来说，无异于雪上加霜，家中唯一的顶梁柱失去了劳动能力，怎么办？

这个 13 岁的少年懵了。

他感觉，一瞬间，自己的天空塌陷了。望着躺在床上忍受着病痛折磨的父亲，望着悄悄抹着眼泪身体瘦弱的母亲，望着年幼的弟弟妹妹无助的目光，作为南家的长子，南存辉接受着出生以来的第一个考验。

没有人知道，当时 13 岁的南存辉，心里到底经受了怎样的折磨与煎熬。只是第二天早晨起来后，他对父亲说："我不念书了，回来帮您。"

南存辉的父亲，心里也很难过，他当然不舍得让孩子放弃优秀的学业，可这是一个没有选择的选择，维持一大家子人生活的担子，需要南存辉这个长子挑起来。

告别了心爱的校园，南存辉将成为"国企工人"的理想深深埋在心底，没有人理解他内心深处的痛苦和无助，他不知道自己以后的路在哪里，又会走向何方。而眼前，他必须接过父亲的担子，挑起一家人的希望。

在现实的困境面前，南存辉按自己的意志作出了选择。当然，不同的选择成就了不同的命运。关于这一点，20 世纪法国声誉最高的思想家、诺贝尔文学奖获得者萨特说过：人的命运取决于人们自己的抉择，无论处境多么恶劣，人可以按照自己的意志决定行为走向，并对自己的行为负责。

尽管南存辉的这个选择是情势所逼，但他必须为自己这种行为负责。"天将降大任于斯人也，必先苦其心志，劳其筋骨……"因为正走在艰难的成长道路上，所以南存辉对于这段话的理解，比其他同龄人领悟得更深刻。

小小修鞋匠

童年的记忆是苦乐参半的，但这并不影响南存辉的成长。尽管，他是那么不舍心爱的校园；尽管，他是那么想按自己的路走下去；尽管，他是那么想实现心中成为一名"国企工人"的梦想。但是，理想在现实面前，有时候是那样的苍白无力，毕竟，填饱肚子是第一位的。所以，南存辉不得不告别校园生活，开始用稚嫩的肩膀挑起养家糊口的重担。

只是，南存辉没有想到，自己走向社会后的第一份"工作"，竟然是修鞋。

从人生经历的角度来说，初入"江湖"的第一份工作，就如怀春少女情窦初开的第一场恋爱，不管是不是自己所期盼的，都很难品清其中的滋味，也许是浓浓的甜蜜，也许是淡淡的苦涩。无论结果如何，都会在心里留下难以抹去的记忆。

南存辉的第一份工作是修鞋，这与他日后运筹帷幄、纵横驰骋的电器、太阳能产业没有一丝一毫的关联。但是，修鞋的一些经历，却带给他很多体验和感悟，无形中，影响了他以后的路。

实际上，对于人生来说，第一份工作还是非常重要的，当然，这份重要性不是说我们要一步到位，终身从事这份工作，而是在这第一份工作的起点，我们选择以什么样的态度，来面对以后所要走的路。

我们可以把目光投向近些年驰骋于商界的精英，盘点一下他们的第一份工作：福耀玻璃集团创始人曹德旺，14 岁退学开始放牛；吉利集团董事长李书福，高中毕业后，骑着自行车走街串巷给别人照相；阿里巴巴掌门人马云，第一份工作是教书匠；香港首富李嘉诚，第一份工作是在钟表公司当小学徒，主要任务就是泡茶扫地。

原来，他们的第一份工作都与日后所创出成绩的领域没有多少关联，也没有让人羡慕的地方，他们也没有值得炫耀的后台可以当靠山。但是，多年以后，他们却依靠自己的努力，抓住了正确的时机，一步一个脚印，打拼出自己的商业帝国，积累起自己的财富。

南存辉，也同样如此。

1976 年，对中国来说，是一个很大的转折点，这一年，持续了十年之久的轰轰烈烈的"文化大革命"划上了句号。这一年，对南存辉个人来说，同样是一个转折点，他辍学回家，挑起了维系一家人生活的担子。

南存辉的父亲是一个普普通通的农民，同时也有一手修鞋的好手艺，每当农闲时节，父亲就会带上修鞋的用具，在大街小巷摆摊修鞋，以此补贴家用。

父亲受伤以后，家中没有了劳动力，13 岁的南存辉能做些什么呢？望着南存辉还没有成熟的面孔，望着他略显瘦弱的身躯，家人也犹豫了好久，一家人坐在一起商量了半个晚上，最后，父亲拍板了：去修鞋吧。在父亲看来，修鞋不用花费太多的体力，它的劳动强度，是一个 13 岁的孩子可以承受的。

南存辉是聪明的，不仅体现在他的学习上，也体现在他学习修鞋的过程中。在父亲的指导下，他只用了两天时间，就掌握了父亲的大部分修鞋手艺，虽然手法还没有那么娴熟，但上街摆摊已是绰绰有余。

没过几天，在柳市的街头，人们开始看见一个瘦小的男孩，背着一只与自己的身高并不匹配的大木箱，从事与他年龄并不相符的工作——摆摊修鞋。

对于南存辉的出现，很多熟悉南存辉父亲的人都投来疑惑的目光：子承父业，年纪是不是太小了点？

在满是疑问的同时，人们又开始担心：修鞋是个苦行当，这么小的孩子，能坚持多久呢？

实际上，人们所担心并疑惑的，并非没有道理，修鞋虽然不是多难的技术活，却也有一定的技巧，同时又要求一定的手劲和韧劲，对于一个只有 13 岁的孩子来说，能做好么？

对于南存辉来说，能不能做好，并不是首要的问题，因为依靠他的聪明，他的努力，他的悟性，修鞋并不成问题。他首先要解决的，是如何克服中国人都拥有的"面子"问题。

说到"面子"，我们都知道，包括我们自己在内，也有着比较浓厚的"面子"情结。"面子"，是人际关系中的一种现象。说白了，面子，就是自尊心与虚荣心的替代词汇，是人人都想要而且丢不得的东西。

自然，13 岁的南存辉也有着非常浓厚的"面子"情结。他想到自己的同学正坐在课堂上，如饥似渴地学习知识，再看看自己，却要坐在大街上，在来来往往的人们投射过来的异样的目光中，给别人修又臭又硬的鞋子，"面子"上确实是一个问题。所以，刚修鞋的前几天，南存辉像做了贼一样，不敢去人多的地方，他怕在那里遇见熟人，面子上过不去。但是，又不能窝在家里，所以，他只有背着那只大木箱，在人少的小巷瞎转悠。这样一来，见到熟悉的人的机会少了，同样，补鞋的人也少了，一天下来，基本上赚不到钱，只能空手而归。

连续几天都是这种状况，引起了父亲的注意。一天晚上，父亲把南存辉叫到跟前，对他说：与生存比起来，面子一点都不值钱。修鞋，靠的是个人的手艺吃饭，不偷不抢，以自己的劳动维持一家人的生活，不仅不丢面子，还很光荣。你自己好好想一想。

也许是父亲的几句话点醒了南存辉，也许是南存辉明白了自己肩挑的职责，父亲治病需要钱，家里吃穿用度也需要钱，如果挣不到钱，一家人将断了生活的来源。无奈，南存辉只得走到大街上，开始在热闹、繁华的地段摆摊。

初步克服了心理上的障碍，然而内心深处的"面子"感并没有完全消失，他的心忐忑不安。他怕被同学看见，嘲笑他；他怕被老师看见，惋惜他；他怕被熟人看见，同情怜悯他。

然而，事情往往就是这么奇怪，越是害怕的东西，越是不请自来，更何况在柳市镇这个"弹丸之地"，害怕的总是要来的。

一天早上，几个早起上学的同学路过他的修鞋摊前，发现了他，其中有一个特别淘气的男孩子，捡起地上的一个小石子向他扔来，并向他大喊："小鞋匠，挺像样啊，怎么样，不念书来修鞋，发财了吧？"嘲笑的话语像针一样扎在南存辉稚嫩的心上，但他没有分辩，也没有回答，只是泪水在眼眶中打转，最终没有掉出来。

这次事件过去没几天，一天早晨，他正在摆修鞋摊，听见一句惊奇的声音："南存辉，怎么是你？"抬头一看，原来是同学的妈妈。读书时，南存辉和这位同学是好朋友，关系一直不错。看着南存辉支起的鞋摊，她关切地问："你怎么在这里补鞋？你学习那么好，放弃学业多可惜啊！"

南存辉嗫嗫嚅嚅地解释了原因后，这位妈妈流露出无奈而又满是惋惜的神情。

送走同学的妈妈后，南存辉也收起了鞋摊，独自一个人来到小镇边的水池旁，他呆坐了一天，同学嘲笑的话语敲打着他的思绪，同学妈妈惋惜的表情震荡着他的心灵。

看着潺潺的流水在眼前流过，南存辉放任自己的思绪，天马行空。一会儿，他想到了自己的雄心壮志，想到自己那个"到国企里当一名工人"的理想；一会儿，他又想到了父亲的病痛，想到了母亲的泪水，想到了弟弟妹妹无助的表情，他感觉，自己的心理承受能力似乎要崩溃了。左半脑说，要面子，要面子；右半脑说，必须修鞋，必须修鞋。在左右两个半脑激烈的斗争中，右半脑最终获胜了。他还要继续修鞋。

今天，当我们说起南存辉的这段经历时，因为他的成功导向，我们可以把这段经历当作他人生道路上的一种考验，当作他成长道路上的一个选择，但在并没有办法预知未来的当时，这个 13 岁的孩子，内心深处充满着纠结和挣扎。

在艰难的第一份工作面前，南存辉并没有选择放弃，而是继续前行。就是这份坚持，在不久的将来，也成就了他的一生。

俗话说：外行看热闹，内行看门道。修鞋也有很大的学问在里边：如果没有人来修鞋，那你就赚不到钱；如果来修鞋的人多了，先给谁修也是一个问题；修鞋的同行之间也有激烈的竞争，如何做到比同行修得又快又好，这还是一个问题；今天修了多少双鞋，赚到的钱是比昨天多还是比昨天少，这更是一个问题。

南存辉虽然年龄小，却并不是一个浑浑噩噩之人，他很有心，也很用心，在思考、观察中，他慢慢悟出了一些门道，也明白了一些道理，找他修鞋的人也越来越多。

于是，南存辉的修鞋摊前，经常呈现出这样一幅景象：好几位客人聚集在一起，互相聊着天，而南存辉低着头，认真的修鞋，他脸上的表情非常平静，两腿之间铺着一块黑色的围裙，左手拿着鞋子，右手灵活的转动着机器。不一会儿，鞋子就修好了，他用剪刀小心地剪去多余的线头，然后把鞋翻过来仔细检查一番，确定完全修好后才把鞋递给客人。

客人之间的对话是对这个 13 岁的小鞋匠所做的一个注解："这个小孩手艺好，做事还认真，我大老远乘船过来找他补鞋。""是啊，这个小孩人诚实，从来不多收钱，我们那里都晓得的，所以一大早就赶过来了。"

几个月下来，这个只有 13 岁的少年，已经被生活磨砺得有棱有角。他不再考虑自己的"面子"问题，自己不偷不抢，没有什么丢面子的；他不再理会别人的目光，满脑子想的，就是如何把鞋修得好一点，如何多赚一点钱。同时，看着每天走过修鞋摊前的形形色色的人，他心里也暗下决心：一定要出人头地！

一把锥子的力量

修鞋是南存辉的第一份工作，尽管开始从事修鞋的日子里，他也有那么一丝丝的不情愿，也害怕自己的"面子"受到伤害。但在现实面前，他很快认清了自己的处境，开始仔细面对自己的选择，并立下了"出人头地"的志向。

出人头地，是指高人一等，形容一个人德才出众或成就突出。小小年纪的南存辉，心里就装着这种"出人头地"的志向，每天在柳市的大街小巷摆摊修鞋，在修鞋中，他时刻积蓄着自己的力量。

从古至今，修鞋算是一个苦差事。有人形容修鞋匠"风吹日晒街边活，换得客人步履欢"，为何有此一说？因为修鞋的人，都要在街边摆摊，忍受着风吹日晒，辛辛苦苦为客人服务。而正是他们的辛苦劳动，才换得客人的步履轻快，客人走路才没有了"后顾之忧"。

南存辉同所有从事修鞋的人一样，有一个无法舍弃的"宝贝"，那就是装着修鞋的全部家当的木箱。打开细看，它可以算得上是一个"百宝箱"，最上边一层，放着剪子、钳子、起子；中间一层，放着揎刀、榔头、麻绳、皮绳、丝线、弯针、石蜡、皮跟、皮掌、胶水等；最底下一层，放着大大小小的皮子块、旧轮胎等，都是补鞋用的材料。这些是必备的，因为你不知道客人的鞋是什么样的，又坏在哪里，会用到什么工具和材料，所以，该准备的必须都准备着。对修鞋匠来说，还有一个最重要的必备工具——铁锥子。这个锥子，与其他行业使用的锥子不同，修鞋师傅用的锥子做得尖尖的，在压力一定时，能减小锥子与鞋底之间的受力面积，增大锥子对鞋底的压强，容易穿透鞋底。这个锥子还有一个倒钩，用来绕线，缝补鞋底和鞋面。

多年以后，南存辉在商海已经自由驰骋、游刃有余、功成名就了，但他还时时不忘当初那种锥子扎在手上的刺心疼痛的感觉，那是他鞋匠生涯中最最难忘的经历，也是他一生都不能抹掉的痕迹。

那是他刚成为鞋匠不久的一个十分寒冷的深冬，凛冽的西北风夹裹着沙尘，肆无忌惮地朝人们扑来，打到人的脸上，像刀割一样生疼。这样寒冷的日子里，人们都愿意躲到家中，享受着家里的温暖。街上，偶尔有三两个人影闪过，也匆匆而去。

看着恶劣的天气，父亲原本不打算让他出摊修鞋。父亲说，不差这一天的活计，在家里休息吧。毕竟，还是一个十几岁的孩子，刚刚修鞋才几个月，父亲是非常心疼儿子的，尽管他并没有说出来。

南存辉却不想在家里呆下去，修鞋的时日虽然不长，但也让他明白，修鞋这一行当，必须有坚持、坚守的精神，他不想三天打鱼两天晒网，无论天气如何恶劣，都要坚持下去。看着儿子被风吹日晒的岁月留下的印痕，虽然脸上还未脱稚气，但也看出了男子的气概，父亲心里很是欣慰。

南存辉来到平日摆摊的地方，支起修鞋摊，自己则在一张矮板凳上歇坐，等着修鞋的客人前来。因为恶劣的天气，客人比往日少了很多，在没有人来修鞋的空闲时段，南存辉也难得放空自己的思绪，任它天马行空般任意飞翔。

客人的一声招呼打破了南存辉的遐想，把他的思绪拉回了现实。一个客人在摊位前坐下，见有生意上门，南存辉立刻笑脸相迎，他飞快地拿起修鞋的工具，开始认真干活。

天实在是太冷了！虽然南方的冬天最低气温只有零下几度，但因为临海，这种冷似乎更透着一股"阴气"。南存辉那双还没有完全长大的手有些瑟瑟发抖，好半天，才能缝上一针。修鞋的客人是个老主顾，看见南存辉这个样子，也有点心疼，就告诉他：修鞋不急，先暖暖手吧，一会儿再修。

南存辉心里也想让双手暖和一下，但是，始终秉持顾客至上理念的他并没有停下来。因为他实在不愿让客人多等，哪怕是一分钟。因为在这样的天气里，多等一分钟，就意味着多受一会儿罪。

在寒风的侵袭下，南存辉那双拿着锥子和细线的手失去了往日的灵活，显得非常僵硬而不听使唤。也许是因为天气太冷，也许是因为鞋底太滑太硬，也许是因为他技术还不是特别成熟，突然，锥子一偏，锋利的锥尖深深地扎进了南存辉稚嫩的手指。立刻，鲜血顺着他的手指淌下来。

十指连心，锥子刺进手指带来的那种揪心的疼痛，让他立刻慌张起来，修鞋几个月来，他还从来没有过这种经历，缺少经验的他再加上慌乱，根本不知道怎么办。他想要拔出锥子，可是慌乱中，却怎么也不会使用那股劲。修鞋的锥子有个倒钩，轻轻一动，就是一股钻心的疼痛。无奈的南存辉最后想到了父亲，只得跑回家向父亲求助。

父亲见到儿子淌血的手指，再看看他手上那个锥子，立刻就明白了怎么回事。父亲轻轻转动手指，一把就将锥子拉了出来。父亲告诉他：因为锥子有倒钩，万一被扎到，不能直接拉，否则越拉越疼，必须使用巧劲，转着拉，才能拉出来。

此时的南存辉，顾不得处理还在淌血的手指，只是用一张破纸简单缠了一下，就快速地跑回修鞋摊前。疼痛加上恐惧，致使原来就有些僵硬的手更不听使唤了。但他咬紧牙，坚持把鞋补完。

因为发生了这场"事故"，鞋子补得不是很好，也耽误了客人不少时间，南存辉心里非常过意不去，尽管客人对他表示理解，没有一丝抱怨，他还是坚持没有收客人的钱。

这次的意外事件让南存辉明白，修鞋这一行说简单也不简单，自己连一把锥子都处理不了，说明自己需要学习的地方还有很多。

南存辉是一个善于琢磨的人，也是一个善于学习的人，这在他修鞋的过程中表现无遗。他每次都能从修鞋中获得感悟，在修鞋的过程中，他每天都在琢磨，如何能把鞋子修得又快又好，如何能招来更多的回头客，如何能开辟新的客源。琢磨加上观察，再加上用心，他的修鞋生意越做越好。

说一把锥子改变了南存辉，当然不是很恰当，因为南存辉后来所走的路，所取得的成功，是多种因素作用的结果。某一件事，或者某一个因素，还不足以影响他以后的成功。

但是，我们不要忘了，南存辉开始修鞋的时候，只有 13 岁。这个年龄段，正是各种世界观和价值观形成的阶段，所以，每一次的经历都显得弥足珍贵，每一次的经历似乎都能开启他的一点心智，让他渐渐明白一些道理。

被锥子扎到以后，南存辉在修鞋这条路上更加虚心学习，他明白了，能不能修是一个问题，会不会修是一个问题，修得好不好同样是一个问题。修鞋虽然不能赚下多少钱，但却是一家人赖以谋生的手段。在修鞋的过程中，他能做到以质量服务于人、以诚信取信于人，不仅维持了当时整个家庭的生计，同时也为小镇上的居民提供了便利的服务，更为他自己积蓄了未来奋斗的力量。

多年以后，南存辉再回过头去，回望自己走过的每一步，对他来说，印象最深的，还是修鞋那几年的经历。也许，他的心里还有一些庆幸，庆幸自己在修鞋这一行当里坚持了下来。因为正是修鞋那几年，锻炼了他坚强的品格，持久的毅力，还有不服输不放弃的个性。

或许是年龄大了，人就愿意回望过去，而今，刚刚迈进"知天命"年龄段的南存辉，会经常回忆起过去。他时不时就会观察一下自己的这双手，现在，这双手用不同的笔，在一份份合约上签下自己的名字。曾经，这双手修理过无数双鞋子。对于签了多少次订单，南存辉数不清，修了多少双鞋，南存辉也数不清，而对于当初锥子扎破手指的"意外"，他记得比谁都清晰，他说，修鞋时这把锥子带给自己的力量，是无法用语言来形容的。

严父教育下的成长路

在南存辉艰难成长的道路上，修鞋时的一把锥子刺破了他的手指，无形中给他带来无尽的力量。而在他成长的道路上，还有一个人对他影响最深，那个人就是他的父亲。

高尔基说："父爱是一部震撼心灵的巨著，读懂了它你就读懂了整个人生！"在南存辉少年的时候，他读不懂自己的父亲，甚至还认为父亲对自己的严格是"铁石心肠"。而在多年以后，他也成为了一个父亲，也经历了越来越多的世事，他开始深深的理解并感谢父亲。

南存辉的父亲南祥希，生于1930年，那个年代的中国，正值战乱连绵、民不聊生，在这个年代成长的孩子，用老人的话说，"自小都是泡着苦水长大的"。南祥希是一个不甘平庸、不甘贫穷的人，成年之后，他到处奔走，寻找着改变生活的机遇。在参加劳动的同时，学会了修鞋的手艺。农忙时节，他下田劳动，农闲时，他就会挑上修鞋的用具，到街边摆摊修鞋，以此来补贴家用。

但是，因为当时的社会背景和自然条件，尽管南祥希很努力，还是无法改变当时艰难的生存状态。虽然家庭生活贫苦，南祥希却始终乐观对待，他对孩子们倾注无限的爱与教育，让孩子们受用终生。他的爱如一股永不干涸的泉水，源源不断地给子女们输送着能量。

在南存辉的记忆中，父亲从来不对他们说一些大道理，而是言传身教，以身作则，一点一滴的融入他的童年，让他明白了很多做人做事的道理，从父亲那里学到了很多让他终身受用不尽的东西。

小时候，南存辉在同龄人中是有名的"打架大王"。对于这一称号，让人很难与现在笑容时刻挂在脸上的温文儒雅的他联系在一起。

"打架大王"，顾名思义，就是能打架、愿意打架、且每次打架都能打赢。但是，他这个"打架大王"，并不是我们今天所说的惹事生非没事找事无理取闹型的，他这个"打架大王"，每次都是为尊严而战。

也许是因为家庭的贫穷让他自小就很敏感，在与小朋友交往的过程中，经常为了一些小事，或者是几句不合的言语，就同小朋友们打架。而在同龄小朋友中，他几乎是最瘦小的一个，却是每次打架都会赢的那个人。

他赢了，小朋友们输了，普遍的一种做法就是回家找大人告状，有些家长会领着孩子上门来理论。面对孩子所犯的过错，父亲南祥希从来不护短。他真诚地向对方道歉，向对方家长说尽好话，赔尽小心。同时严厉地批评南存辉，让他认识到自己的错误。

父亲教育他：有问题，有矛盾，要学会去解决，解决问题依靠的是头脑，不是拳头，用头脑可以赢得很多东西，但用拳头打不来心服口服，用拳头打架不是强者的风范，恰恰是一种软弱的表现。

说得多了，父亲的话语开始在他心里生根发芽。他慢慢懂得，用拳头来解决问题的方式是不对的，欺负别人更不对，不能用打架来解决问题。渐渐地，他学会了如何与人相处，懂得了谦让，懂得了礼貌。

南存辉不仅从父亲那里学到了做人做事的道理，也学到了经商的理念。

柳市的得名，《乐清县志》有所记载：西乡有柳市，据传其独龙冈（今龙岗山）古时风光旖旎、山水秀美。龙首桥（今虎啸桥）畔有一棵大柳树，浓荫如盖，乡人多聚集在柳树下交易，以自家之有余易自家之不足，久而久之，得名柳市。

原来，柳市的得名，是因为大家在柳树下做生意，做交易，柳市人经商意识浓厚，原来也有着地域文化的传承。小小的南存辉，也有过这种体验。

10 岁那年的一个夏天，父亲让南存辉挑着两担米糠到街上去卖，并且明确地告诉他：售价是 1 角 5 分钱一斤。南存辉摆着两担米糠，在烈日下站了整整一个上午，也没有等来一个客人。中午时分，幼小的他又累又饿，一丝力气也没有了。

这时，一个客人上前来问价格，因为父亲明确地告诉他，要卖 1 角 5 分钱一斤，于是他按照父亲的交待报了价格。结果，那个客人流露出很吃惊地样子说，别人都卖 1 角钱，你怎么卖那么贵？说着就要走。想到站了一个上午也没有人来，再想想自己咕咕叫的肚子，南存辉一把拉过客人，说，1 角就 1 角，1 角钱我也卖。客人抓起一把米糠看了看，毫不犹豫地交了钱，挑走了两担米糠。

回到家后，南存辉把钱交给父亲，告诉父亲，市场上的价格就是 1 角钱 1 斤，别人都卖 1 角钱，自己卖 1 角 5 分根本没有人问，所以就自作主张，也以 1 角钱的价格把米糠卖出去了。父亲看着幼小的南存辉，无奈地笑了笑。父亲告诉他，别人家的是粗糠，只能卖 1 角钱，但自己家的是细糠，质量差别很大，绝对值 1 角 5 分钱，所以要卖这个价格，这不是漫天要价。

看着儿子有些迷茫的眼神，父亲进一步对他解释说："市场讲究的是公平的交易，讲究的是一分钱一分货，如果你的东西质量好，那就必须比别人的贵一些，这样才能区别出来。"在南存辉的父亲看来，质量好，就有贵的资本，虽然比市场价格多了 5 分钱，但它的质量绝对是超值的。不能因为省事将好的东西贱卖了，这是对自己劳动的不珍惜。

父亲所说的话在南存辉的心里，有了很大的触动，尽管当时年幼的他对这一切理解得并不深刻，甚至有些囫囵吞枣的感觉，但在以后的从商生涯中，因为经历得多了，南存辉对父亲所说的话理解得越来越透彻。尽管父亲没有多少文化，也不会说出惊天动地的大道理，但是，他用最朴实的行动教会了南存辉做人做事的道理。

现在，在不同的场合，南存辉经常会提到这件事情，他说，如果经商是一所大学，那自己的第一课绝对是父亲教的，父亲让自己知道了什么叫以质定价，什么叫一分钱一分货。而这一理念一直影响着他，直到现在。

南存辉从父亲那里学到的，不仅是如何与人交往，如何经商，还学到了什么是坚持、坚守。

父亲受伤之后，南存辉接过父亲的修鞋担子，开始摆摊。最初的几天，他还有一点新鲜感，但几天过后，最初的新鲜感荡然无存，取而代之的则是难堪。

修鞋的间隙，他一个人坐在修鞋摊前，时常走神，他想到了喜欢干的农活，春天的时候到田地里插秧；秋天的时候到田地里割稻。这曾经是他最开心的时候，而现在，却要坐在这里，与各色人等打交道，像一只失去了自由的小鸟，想着想着，他就产生了放弃修鞋的念头。

南存辉清楚地记得，关于修不修鞋的问题，他与父亲之间进行了一场深刻的"对话"，也就是在这次对话中，他第一次感受到父亲的"铁石心肠"。

放弃修鞋的想法在他心中酝酿几天后，他同父亲"摊牌"了。

他对父亲说，自己不想修鞋了，想回农村干农活。父亲盯着他，问他为什么。在父亲目光的直视下，南存辉有些胆怯，他对父亲说，修鞋这个行业不适合自己，太复杂，自己不愿意同过多的人打交道，而干农活单纯，不用想太多。他满含期待地望着父亲，希望父亲能答应自己的请求。没想到，父亲一口否定了他的想法，斩钉截铁地说："不行，绝对不行，你必须继续修鞋。"

父亲告诉南存辉，人生要学会面对，不能逃避。目前来说，修鞋是他最好的选择。那一晚，无论南存辉怎样解释，如何强调，父亲都是那一句话：不行，绝对不行，你必须继续修鞋。

那一个晚上，南存辉一夜无眠。他打来一盆冷水，把头深深地浸在水里，他想让自己清醒清醒，但是，眼泪却忍不住流下来。泪水和井水混在一起，共同嘲笑着他的尊严。都说男儿有泪不轻弹，只是还未到伤心处，南存辉不明白，父亲为什么如此"铁石心肠"。

在父亲的坚持下，第二天，南存辉还是带着修鞋的用具出发了。

人在逆境中，往往更容易被激发出潜能。既然这是一条目前不得不走的路，南存辉想，那就安心走下去吧。至此，他不再把修鞋当作一种负担，他内心深处的潜能完全被激发出来了。每天接触客户，他都去认真的面对，遇到难缠的客户，他也能耐心应对。最主要的是，他修鞋以质量、诚信取胜，渐渐地，人们都认可了这个小鞋匠，找他修鞋的人越来越多，他的技术也越来越好，每天赚的钱也比别人多，在柳市的修鞋行当中，南存辉也算是小有名气了。

从孩子的角度来看，父亲不让自己回农村干农活，而是硬逼迫自己去修鞋，是"铁石心肠"。而多年以后，当他也成为一个父亲，在事业上取得重大的成功时，他开始深深地理解并感激父亲：如果那时候父亲心疼自己修鞋辛苦，如果父亲心肠不硬，没有逼着自己继续修鞋，那么，也许就不会有今天自己取得的成就。

可以说，正是当时父亲的"铁石心肠"，才成就了今天南存辉所拥有的辉煌。南存辉说，从父亲那里，自己学到了如何面对困难，如何为人，如何处事，很多很多的道理当时自己不懂，但随着年龄和阅历的增加，才有了更深刻的感悟，那是自己最宝贵的财富。

修鞋悟"道"

修鞋是南存辉走向社会后的第一份工作。当他 13 岁开始在柳市街头摆摊修鞋的时候，别人不会想到，他自己也没有想到，多年以后，他竟然打造了中国低压电器第一品牌，缔造了一个商业传奇。

也许，他的第一份工作与他现在的成功没有必然的联系，因为修鞋与做电器、做太阳能光伏产业，真是风马牛不相及。但是，二者之间似乎又存在丝丝缕缕的联系，修鞋的经历为他以后的事业成功做下了铺垫，毕竟每个人在选择人生起点的时候，所付出的努力，所坚守的方向，在很大程度上已经注定了他将来要走的路。

第一份工作虽然是辛苦的，但是，正因为有了这种经历，才让他获取了改变的动力。修鞋的便利性，让他接触了各色人，学会了如何与不同性格的人打交道。在他的世界观、人生观刚刚启蒙的时候，少年时代的各种体悟和感知，均化为了他的品格和精神，而且陪伴他终生。

当他自己运营一个大企业的时候，他知道有所为有所不为。什么事需要坚持，什么事需要改变，什么时候应当出击，什么时候应当退让，他几乎做到了游刃有余。

南存辉说，他要感谢几年的修鞋经历，在这几年修鞋的日子里，他由懵懂少年开始变得成熟；正是这几年修鞋，让他明白了人生最初的一些道理；也是这几年修鞋，磨练了他坚定坚强的品格，无形中助力了未来企业的发展。

可以说，在南存辉运营企业的过程中，他一直坚持的理念，很多都来源于当时修鞋的体验。

有质量才有发展。这是修鞋过程中悟出来的道理，也是他以后30年做企业一贯坚持的原则。刚开始摆摊修鞋的时候，因为年龄小，很多人对他都持怀疑的态度，怀疑他能否修好鞋，能否坚持修鞋，所以，鞋摊前客流量少得可怜。而南存辉坚守自己的岗位，认认真真地对待每一个客户，尽最大所能为客户补好鞋，即使细微之处的毛病也不放过。这样的做法带来的一个好处，就是小镇上的人都知道了这个13岁的小鞋匠，知道他动作熟练，修得又快又好，还讲究质量，而且从不多收钱。就这样，一传十，十传百，口口相传的结果，是他的修鞋摊前人流量越来越多，生意越来越红火，竟然成为了柳市街头比较有名气的一个修鞋匠。后来，许多人宁愿舍近求远，也要跑来找他修鞋。这让小小的南存辉心里明白：有质量才有发展，正因为坚持修鞋的质量，才为他赢得了客户。从修鞋中悟出的道理，创业以后，他毫不迟疑的用在了企业中，用来追求产品的质量，坚持以质量为产品的生命线，不让一件不合格的产品流出工厂。

做生意要讲诚信。修鞋算不上做生意，但修鞋又确实是在做生意。修鞋的时候，南存辉不会偷工减料，不会偷奸要滑，更不会故意要高价。他认为，做人要讲诚信，做生意更要讲诚信。他一直坚持诚信经营的理念，鞋子，哪里坏了就修哪里，该要8分钱，他绝对不会要1角。无论什么样的客人来，他都一视同仁。小孩子来修鞋，他不会多要1分钱，老年人来修鞋，他也不会多要1分钱，真正做到了童叟无欺，也赢得了众人的信任与肯定。修鞋3年，因为讲诚信，他赢得了很多客户，而且有的客户是他的"铁杆迷"，只要南存辉出摊，肯定会去找他修鞋，即使他不出摊，也要等两天，等到他出摊时再来修。靠诚信立下的口碑，也为他以后运营企业赢得了潜在客户。在他开办求精开关厂之初，一无资金二无客户，他凭借着修鞋时挣下的信誉，向大家赊来零件组装，卖出钱后再付款，以此渡过了创业最初的艰难时期，让他的电器企业一点点步入轨道。

踏踏实实做事，坚持，坚守。南存辉说，不要轻视每一件小事，只有踏踏实实做好每一件小事，才有可能成就大事。刚入修鞋这一行当时，他也因为面子问题，因为不想与过多人打交道而想过放弃，也从内心深处排斥或拒绝当"修鞋匠"，当他同父亲摊牌的时候，父亲却生硬的拒绝了他，在父亲"铁石心肠"的坚持下，他只得继续修鞋，并且渐渐地"入了门"，开始用心琢磨如何修好鞋，怎样才能赢得更多的客户。看着他每天早出晚归很辛苦，父亲用一个千脚蜈蚣的故事告诉他一个道理。父亲说，蜈蚣的脚很多，有几百只，但是，它也只能一步一步的走，一步一个脚印向前。南存辉也渐渐地明白：无论做什么事，都要踏踏实实，一点一点向前走，不要妄想"一口吃个胖子"。修鞋的几年，虽然没有挣到多少钱，南存辉却形成了踏实的性格，对他以后坚守的事业信念提供了强大的支撑。

以实实在在的技术立足。修鞋这一职业，说技术，并没有多少技术含量，你只要学上三天，估计也能坐在那里修鞋；说没有技术，却又是一门纯粹的手艺活，靠的是手艺吃饭。它不像今天我们坐在办公室里动动手指敲敲键盘这么简单，修鞋靠的是一针一线的手上功夫，必须有扎扎实实的技术，会修是一回事，修得好不好又是一回事。南存辉不会忘记，自己修鞋时被锥子刺破手指的那种痛彻心扉的感觉，他知道，那是因为自己的技术不达标，所以，他能静下心来认真钻研，不断提高自己的修鞋技术，修鞋几年，他的技术在修鞋匠中算得上是一流的。凭借着出色的技术，他也赚到了比别人更多的钱。而到自己创业时，他更加重视人才的效应，对拥有技术的人才求贤若渴，为了请来技术人才助力工厂发展，他不惜千里奔波往返多次，终于请来了退休在家的技术人才，加入到他的企业，而正是凭借技术人才的支撑，工厂才开发出了质量过硬的产品。企业越做越大，南存辉也越来越关注人才，厚待人才，后来还让人才技术入股，以至于正泰上市的时候诞生了多位千万级、百万级富翁。

南存辉说，要认真负责的干好每一件小事，哪怕这个事情再小，也要以敬畏之心去对待，事虽小，却最能体现出细节。古语曾说，不积跬步，无以成千里，不积小流，无以成江河。辍学以后，南存辉成为一名走街串巷的补鞋少年。刚开始从事这一行当时，他也经历了很多艰难，但他没把这当作苦累的借口，抱怨生活的不公平，也没有因为修鞋在别人眼里"不入流"而放弃，他认认真真做事，仔仔细细琢磨，客人来修的鞋千奇百怪，坏得大的，他认真修好，坏的小的，可能只是几角钱的生意，他也认真对待，从来没有因为修的鞋创伤面小而敷衍了事。正是这种认真负责的态度，才使他脱颖而出。南存辉说，他要感谢生活所给予他的历练。他认为，通过不断的小成功，才能成就大事，才能使人树立起信心，从而有胆量、有气魄接受更多更大的挑战。多年以后，当他功成名就以后，南存辉告诫后来人说："不管现在所做的事情多么平凡，都不要气馁，要力争在做小事情时就出类拔萃，并以此磨练意志。"回忆起修鞋的经历，南存辉万分感慨：修皮鞋影响了自己的一生。也使他认识到，只有认真负责地干好每一件小事，才能做好大事。

切莫心存贪念。南存辉创业成功以后，有人总结他的成功经验，认为是他机遇好，有好的机遇，才造就了他的成功。而南存辉则说，机遇固然重要，却不是决定因素，每个人都面临着一定的机遇，重要的是能否抓住机遇。要真想成就一番事业，眼光、胸怀、智慧，一样都不能少。南存辉有眼光，也有智慧。别人修鞋只是安安静静的修鞋，而南存辉心中却一直不安定，他在修好鞋的同时，寻找着对自己有用的商机。父亲曾经教育过南存辉：凡事要自食其力，不要坐等着天上掉下馅饼，更不要心存贪念，想着去占别人的小便宜。而在修鞋过程中，南存辉更深刻地明白了这一点。修鞋这一行当，说简单不简单，说难又不难，这完全是一门良心活计。修一双鞋，你可以收2元钱，3元钱，5元钱，差别并不大，没有人会说什么，也很少存在"讲价"的状况。但是，南存辉不贪，虽然修鞋的目的是挣钱，是补贴家用，但是，他挣钱，从来都是正正当当的，没有一丝贪念。一双鞋，是2元的修鞋钱，他绝对不会要3元。"贪小便宜吃大亏"的古训，他理解得比谁都透彻。修鞋期间磨练的心性，让南存辉以后做生意时，始终坚持这个原则，面对各种诱惑能控制住自己，不贪心，所以他的企业才走得比较顺利，虽然期间也遇到很多危机，但最后，他都能化危为机，给企业带来持续发展的动力。

修鞋，是他走向社会后的第一份工作。这份坚持某种程度上也是他能出人头地的一个因素。

第二章

青云之志，金鳞岂是池中物

初涉商海试深浅

无论日子是痛苦还是欢乐，无论人生是愉悦还是伤悲，都不能阻止时间的前进，也不能阻碍一个人的成长。柳市街头给别人修鞋的平凡少年南存辉，在岁月的洗礼中渐渐地成长着，3 年的时光已经溜过去了。

岁月真的是太神奇了，每个人都是岁月的一件雕刻品，在这 3 年里，当初那个什么都不懂的小鞋匠，已经被雕刻为柳市街头被众多人认可的技艺精湛的修鞋"老手"。他本人，也从一个不谙世事的"毛头小子"，慢慢地向一个成熟男人蜕变。穷人的孩子早当家，这话一点不假，不知是不是与过早步入社会有关，南存辉的心智，比他的实际年龄要成熟得多。

修鞋 3 年，南存辉并没有挣下多少钱，如果肯付出辛苦，靠它维持一家人的生计，完全没有问题。南存辉靠着给别人修鞋，让一家人渡过了那最艰难的时期。而对南存辉本人来说，修鞋带给自己最重要的东西，远远胜过金钱的获取。

修鞋这一行业，有别的行业无法比拟的便利条件，一定程度上说，也是一种优势。那就是能广泛接触各色人群，获知各种消息。在修鞋匠的旁边，最常见的一种景象是：三三两两的人聚在一起，天南海北海阔天空的高谈阔论，其场面之热烈，让街上的行人都不禁为之侧目，更有一些闲来无事的人，干脆加入到这一行列中，为这原本热闹的场面注入了一些更加活跃的元素。

也就是在修鞋中，原本沉默寡言的南存辉学会了如何与人打交道，学会了如何才能在社会上立足。在他看来，修鞋的体验和感悟，远远胜过赚钱本身。因为在修鞋中，他悟出了很多道理，这些，在他以后的创业过程中，发挥出了重要的作用。也就是在修鞋的过程中，一直想"出人头地"的他发现了创业的商机，勇敢的迈了出去，最终闯出了一条自立自强的成功之路。

每一个行业，都有其自身的特点，每一个行业里工作的人，也有其自身的特点。就拿修鞋匠来说，我们所见的大街上的修鞋匠，都是以老年人居多，中年人很少见，而青年人更是凤毛麟角。在南存辉生活的那个年代，因为生活所迫，可能青年、中年修鞋匠还相对多些，但一个 13 岁就从事修鞋的孩子，肯定是少之又少的。

南存辉不想一辈子修鞋，他的内心深处有着更多的渴望，尽管这个时候，他还找不到方向，不知道要向哪里出发，但在修鞋中他时刻寻找对自己有用的信息，进而走上一条不一样的路。

南存辉的血液里，时刻流淌着不安分的因子，他的骨子里，也时刻跳动着不安分的因素。修鞋的过程中，他睁大双眼，时刻关注着对自己有用的信息。别人修鞋，只是单纯地想着怎么把鞋修好，怎么能挣到更多的钱；而南存辉修鞋，除了关注这两样外，更关注与修鞋者的交流。修鞋的过程中，他会时不时的去了解、观察和琢磨别人在做什么，自己能不能做，随着年龄的增长，他的这一目的越来越强烈，终于，他发现了一些不一样的"苗头"。

70 年代末的柳市街头，同南存辉骨子里不安分的想法一样，也总有一些"不安分"的因素在涌动。1978 年，党的十一届三中全会作出经济体制改革的决定，中国开始由计划经济体制迈向市场经济体制。但是，经历了多年的计划体制，何为市场经济体制，一些人理解得并不深刻。他们不敢放开那曾经被束缚得太久的手脚，他们怕万一哪阵风转了，如果再有一个不慎，再受到打击或牵连。

然而，总有一些不甘于现状的人，似乎是预感到了什么苗头，内心深处开始骚动着不安：与其固守贫穷到终老，不如放开胆子去尝试一把，万一成功了呢？他们开始探出了轻轻的触角，小心翼翼地试探着前方的路。

于是，南存辉在修鞋的时候，就经常看到这样的状况：很多人腋下夹着一个皮包，在他的修鞋摊前匆匆而过。他们中的一些人，鞋子破了，皮包破了，就会在他的修鞋摊前停下，让他给缝补缝补。南存辉注意到，这些人，修鞋、修皮包的频率，超过了普通的客户，最长一个月最短半个月就要来光顾一次。南存辉在帮他们缝补破损的皮包时，从里面倒出来的一些东西，都是合同、印章之类的。对于身边出现的这一"特殊现象"，南存辉特别留意，他经常会琢磨：这些人是做什么的？为什么鞋子和皮包经常磨损？他开始留意身边这些人、这些事。在与人攀谈中，南存辉渐渐弄清楚了，原来，这些拎着皮包来修鞋的人，都是"跑供销"的。他们的皮包里装着合同，装着印章，谈妥了一项生意，拿出来就可以签合同盖章。

"嗨，兄弟，我明天要去签一个 10 万元的合同，签下来，我就可以挣到 3000 元。""你真行，我这几天没有谈成生意，明天还约了一个客户，看能不能谈下来吧。"在客户之间交头接耳声中，南存辉听见了这样的话语。一笔生意就是 3000 元的利润，对于个人来说，这在当时真的算是一个"天文数字"了，任何人听见，心里都会泛起不小的涟漪。南存辉也不例外，他的心也在蠢蠢欲动。

"看这个人，真有魄力，夹着一个皮包就可以去谈合同赚钱了，皮包商啊。"南存辉从别人嘴里，第一次听见了"皮包商"的概念。

"皮包商"，也就是后来兴起的"皮包公司"的另一种称谓。"皮包商"从事的是一个简单的商业活动，活动主体就是一个人，带着几个公章，没有固定资产、没有固定经营地点及定额人员，只提着皮包就开始从事社会经济活动。

"皮包商"的出现，有其特殊的时代背景，也是当时的社会所需。它适应了当时短缺经济条件下人们急于获得货源的心理，将二手、三手信息再"倒"出去，并从中获利。后来，有的人注册了一个公司，但老板和员工，还是一个人，也就是人们所谓的"皮包公司"。因为这些公司对于交易的双方只是起一个"牵线搭桥"的作用，并不承担任何责任，因而有一定的便利，同时也存在一定的风险。

随着市场经济的发展和成熟，今天，"皮包公司"这一形式基本上消失殆尽了。因为发展到后来，被利益所驱赶，一些不法之徒开始利用"皮包公司"这种经营形式违法乱纪，使得"皮包公司"几乎成了"过街老鼠"，再也没有任何信用可言，基本上退出了历史的舞台。

而在70年代末80年代初的柳市，"皮包商"、"皮包公司"这种贸易形式，却对当时的经济起到了一定的带动作用，它搅动了柳市一池平静的春水，也给柳市带来了蓬勃发展的生机和活力。

接触的"皮包商"多了，南存辉的心也被搅动了，对原本就在寻找机会、内心并不安定的他来说，此时的内心深处更是掀起狂波巨澜，也暗暗酝酿着要闯出一番天地的创业激情。而这时，机会来了。

一个在铁道部门工作的柳市人，并没有忘记家乡的父老乡亲们，他托人从外地捎回来一个电器补偿器，询问家乡人能不能加工和生产这类产品。如果能的话，铁道部门大量需要，应该是一个很有经营前景的项目。

这件事，对于当时的柳市人来说，无异于是从天而降的一个好消息。柳市人聪明，有头脑，这是一个事实；柳市人有胆气，有魄力，这也是一个事实。大家的心里都憋着一股劲，过了一段时间，这种电器补偿器真的被人研究制作出来了。柳市人似乎从中看到了无限商机，大家纷纷一拥而上，几乎是一夜之间，上千家电器作坊如雨后春笋般出现在柳市的大街小巷。

一直在寻找机会的南存辉自然也不甘示弱。他扔掉了陪伴他3年的修鞋摊子，开始加入到浩浩荡荡的创业大军中。怕自己的力量无法独自承担风险，也为了创业初期大家能有共同的谋划，南存辉向3个朋友发出邀请，希望能合伙创业，闯出一片美好的天空。那一年，是1979年，他刚刚16岁。

改革开放的号角刚刚吹响，计划经济体制刚刚被打破，4个年轻人，怀着对美好前景的期盼，开始手拉手，迈向看不透深浅的商海。"3个臭皮匠，胜过一个诸葛亮"，在几个人的谋划下，一个卖电器产品的柜台在柳市街头开张了。

创业的前景如何谁也无法预测，前方还有多少未知的困难，谁也没有办法知道。南存辉知道，他走上了一条充满艰难却又有着无限前景的路，他浑身充满了力量，他相信，创业的这种力量一旦爆发出来，将产生不可估量的能量，他对自己充满信心。

创业"第一桶金"：35元

初试商海，他对自己的未来充满信心，前方仿佛是鲜花，是掌声，那么热切而又那么渴盼的诱惑着他，让他义无返顾地投身其中。然而，年少却志存高远的南存辉并没有预料到，他选择的这条路，充满了那么多的风风雨雨。但是，靠着他的努力，他的执著，他硬是爬过了一座又一座阻碍发展的大山，蹚过了一条又一条充满风险的大河，最终书写了一条成功之路。

从1979年放下修鞋的摊子，开办卖电器产品的柜台算起，到今天正泰的发展壮大乃至成熟，已经过去了35年的时光。细细回想起来，南存辉走过的这35年并不轻松，也并不短暂。他自己都不知道，也无法数清，在前行中，究竟遭遇了多少羁绊束缚，而为了摆脱这些羁绊束缚，又经历了多少曲折。

在南存辉创业的道路上，他赚取的"第一桶金"，只有 35 元，少得可怜的 35 元。

通常，"第一桶金"是一个创业概念，是指个人或企业在创业中第一次挣到的比较多的钱，它是创业初期的基础、资本。它包括人脉、社会地位的建立、金钱的拥有，等等。对于创业者来说，非常注重自己的第一桶金。而根据日常生活经验，凡是能够称得上"第一"的，一般都是比较重要的；而"金"本身又是财富的象征，是极有价值的。"第一桶金"恰好兼容了这两方面的内容，满足了人们的表达需要，所以，人们更愿意将初次创业赚来的钱称为"第一桶金"。

创业者对于"第一桶金"的获取，当然也有顺顺利利的，但大多数都会经历艰难和挫折。正因为它来之不易，所以才更被看重。

众所周知的万科集团掌门人王石，32 岁的时候放弃了机关单位的工作，独自一个人到深圳闯荡，他做过货场搬运、司机、出纳，后来开始从东北采购玉米到深圳销售。第一笔生意是卖给深圳养鸡公司 30 吨玉米。短短几个月时间，"倒腾"玉米的他就赚了 300 多万元，这宝贵的第一桶金为他以后开创更大的事业打下了基础。

三一集团董事长梁稳根，第一次创业，和朋友东拼西凑了 6 万元钱，成立了涟源茅塘焊接材料厂，经过几十次改变工艺，他们才掘到了第一桶金：8000 元。

吉利集团董事长李书福，19 岁商海试水，他拿着父亲给他的 120 元钱做起了照相生意，半年后赚到了 1000 元，靠着这第一桶金的 1000 元，他正式开起了照相馆。

这些商界名人们的第一桶金或多或少，都在成功过程中经历了反反复复的艰难曲折。并凭借着不放弃的精神，开创了后来的成功事业。人们通常羡慕他们成功后的光鲜，却不会明白成功背后付出的不为人知的汗水和泪水。

在外人看来，南存辉第一次创业所得，算不上完全意义上的"第一桶金"，因为它并不丰厚，甚至可以说少得可怜。因为这并不丰厚的"第一桶金"，最初的合伙人心灰意冷各奔东西，家人也让他放弃创业继续修鞋。但是，南存辉更愿意称它为"第一桶金"，因为就是这第一次的所得，虽然很少，却让他更加坚定了自己创业的信心和决心。

1978 年，党的十一届三中全会作出了实行改革开放的决定，精明的温州人最先瞄准了这一商机，迅速行动起来。南存辉也放下修鞋的摊子，义无返顾地扑入到电器领域。

初始创业的南存辉有两条路可以选择：第一条路，做个"皮包商"，自己当推销员，全国各地跑订单，接到订单后再返回温州寻找生产的工厂。但很快，这条路就被南存辉否定了，自己 3 年来一直当鞋匠，一直没有离开过柳市，可以说对外面的情况一无所知，这么贸然出去，肯定行不通。

这条路堵死了，就只有另外一条路了，那就是租个柜台，卖电器产品。当然，这条路也有难以估量的困难，没有柜台，没有资金，没有技术，除了一颗无所畏惧的年轻的心，可以说是一无所有。

万事开头难！刚开始创业的时候，许许多多可知的或不可知的问题和困难横亘在几个年轻人面前，思来想去，南存辉认为，单纯租个柜台，等着卖别人的产品，也不是很现实。他想自己生产一些产品，后边加工，前边销售，在他的分析下，其他三位合伙人一致同意了他的想法。于是，四个热火朝天的年轻人，在柳市租下了一间门面，前面开店卖东西，后面生产产品。

店面开起来了，这只是万里长征的第一步。4 个合伙人当中，没有一个人懂得电器生产和销售，在今天看来，这纯粹是"赶鸭子上架"，有点强人所难了。因为以今天的眼光看来，创业要"做熟"，不熟悉的行当不能做，因为未知的风险性太大，但南存辉他们是"初生牛犊不怕虎"，四个人中没有一个懂得电器生产，却开起了电器作坊，这种无畏的精神，不得不令人叹服。而正是这种精神，才是年轻人最需要具备的。

南存辉是聪明的，第一次创业，就展现出了他的聪明才智，面对困难，他一点一点地解决。他从市场上买回来一些电器，几个人关起门来，没日没夜地研究，几乎每天都要忙到凌晨，一天只睡三五个小时，电器样品被他们拆了装，装了拆，图纸画了一张又一张，他们就这样来来回回地折腾，竟然真的依葫芦画瓢，生产出了自己的产品：低压电器里最简单的信号按钮灯。

产品研制出来的那一刻，几个合伙人兴奋着，期盼着，看着摆在眼前的信号按钮灯，完完全全是自己开发、生产出来的，感觉好像有点不真实，摸一摸，却又真真实实的存在，他们仿佛看见大把大把的钞票在向他们招手。产品生产出来以后，有时候在睡梦中，他们都会笑醒。他们梦想着创业成功的那一刻，收获着效益，收获着认可。

当然，事情并没有他们预料的那样如意，现在我们知道，创业是一个艰难而曲折的过程，白手起家，很少有短期内就成功的，必须经历反反复复的艰难和挫折，才能最终收获美好的成果。卖了一个月的产品后，南存辉算了一笔账，扣除前期投入的成本，他们第一个月赚了35元钱。

对，没错，就是35元。

35元，对南存辉来说，相当于他三天修鞋的利润。而就是这一个月35元的利润，却让南存辉异常兴奋，他相信，这是一个"开门红"的好兆头，第一个月有了35元，第二个月就可以有350元，甚至是3500元。

与他的兴奋形成鲜明对比的，是几个合伙人的异常沮丧，3个合作伙伴宛如被泼了一盆冷水，浇灭了他们心中燃烧着的美好的火焰，梦想中大把大把的钞票没有向他们招手，回报他们的，只是几张零散的钞票。再看看前方的路，前景也并不是那么的明朗，现实也没有实现梦想的土壤，还要坚持下去吗？几个合伙人感到气馁，开始打起了退堂鼓。

人各有志，每个人都有选择自己道路的权利，也有选择自己生活方式的权利，我们并不能说几个合作伙伴打退堂鼓就是错误的选择。确实，35元的利润实在太低了，当时，一个企业工人的月工资是35元的几倍，而如果换个思路，出去搞推销，一个人一个月少说也能赚350元。

这时候，南存辉开始承受着来自父母的压力。父母一再的给他施压，让他关掉这个生产销售电器的门面，继续回到原来的岗位上，修鞋。父母给南存辉算了一笔账：每天如果坚持出摊，至少可以赚10元钱，一个月下来就是300元，这些钱在当时，足够将一家人的生活维持在较高的水平。而现在开办这个电器作坊，辛苦一个月才赚了35元，而且还要4个人平均，"没啥前景"。

天生倔强，认准一条道就会跑到黑的南存辉则不这样认为。他相信，"胜败乃兵家常事"，在他看来，做生意，无论是赔是赚，都是正常现象。几个人在什么都不懂的情况下，开始走上创业的路程，第一个月没有亏本，而且还赚了35元。这就说明，在低压电器领域这一行，自己可以立足。他对父母说，如果13岁那年父亲同意他放弃修鞋，那就不会有自己后来在修鞋领域里的"名气"；如果自己现在放弃电器这个行业，他怕将来有一天自己会后悔，所以，他要坚持下去，只要坚持下去，才会做得越来越好。

对于南存辉的观点，几个合伙人却并不赞同，在他们看来，一点一点地攒钱比以前好不了多少，甚至还不如以前，与其这样辛苦的浪费时间，还不如去寻找其他的出路，也许还能闯出一番作为。于是，几个合伙人陆续退出，各自奔向心中另一个美好的前程，留下南存辉，独自坚守。

成功以后的南存辉，回忆起这段心路历程的时候，特别感慨。他说，第一次虽然只赚了35元，但是对自己来说却有着非同寻常的意义。这让他相信，刚开始创业，不能只算经济账，自己修了3年鞋，能从最初的一无所知到最后在柳市修鞋业小有名气，靠的就是质量、诚信。他相信，任何事情，只要认真去做，把质量做好，就能赚钱，就能成大业。

第一次赚的这35元，让几个合伙人选择了逃离，他们觉得在这里继续走下去只是在浪费时间和精力。而与他的几个合伙人不同的是，南存辉没有泄气，相反，这35元却给了他足够的底气和信心。他把这第一次赚来的"35元"看作是自己人生的"第一桶金"，并开始在这条路上继续走下去，也正是这份认真与坚持，最终给他带来了满意的结果。

鞋匠和裁缝的牵手

刚刚开办了一个多月的电器柜台，因为几个合伙人的退出而显得特别冷清，刚开办时的热热闹闹，大家热火朝天干活的场面已不复存在。只有南存辉顶着家人让他继续修鞋的压力，独自支撑着。最终，他吸引来了另一个合作伙伴，也是他自小的玩伴、小学时的同学，曾经干过两年裁缝的胡成中。

南存辉是鞋匠，胡成中是裁缝，这样的两个人，如果牵手共同打拼事业，前景会如何呢？

单纯从职业上来说，鞋匠和裁缝，原本是两个互相不搭边的职业。鞋匠掌管着人的脚下，裁缝负责着人的衣着。而如果从人生所需上来说，鞋匠与裁缝，又互相关联着，因为在衣食住行人生四大必需中，他们负责着"两需"，都是人生活中必不可少的。

南存辉和胡成中，有着很大的联系：儿时，他们是相互的玩伴；小学时，他们是同班同学；创业时，他们是合作打拼的伙伴；分手后，他们又是同一个领域里的竞争对手。他们的联系，丝丝缕缕，牵着，绊着；他们的关系，剪不断，理还乱。

鞋匠南存辉是属兔子的。据说，属兔的人是十二属相中最走运的人之一。当然，这句话肯定是有片面性的，但在南存辉这里，这句话确实得到了印证。

属兔的南存辉生得眉清目秀，白白净净，一脸的亲和、帅气。别说，还真有那么一点点的"兔子气质"，温温弱弱的。他创业成功以后，外界关于他的报道中，提到最多的就是"气质儒雅，有书卷气"，是"最有风度的温州老板"。当然，这只是外界看到的一面，而在群雄纷起的商战中，南存辉绝对不是一个温柔的小兔子形象，而是表现出古代将士保家卫国冲锋在前的骁勇和强悍。

裁缝胡成中年长南存辉两岁，属牛。牛，是脚踏实地、埋头苦干、稳重诚实、尽职尽责的象征。据说，属牛的人都不简单，虽然低调，但他们并不缺乏爆发力。而胡成中也着实不简单，16岁，他独自出外跑推销，后来，与南存辉一起创业，再后来，他也打造了一个低压电器王国，确确实实体现出了常人所不及的爆发力。

盘点一下两个人的过往，幼年时的经历居然如此地相似，不知是不是因为有过这些相似的经历，才让二人在创业之初惺惺相惜，携手并肩走过了那段最艰难的岁月，开创了事业成功的起点。

二人对童年都有着深刻的记忆，南存辉的记忆中是自己下河、摸海螺、换粮食，却依然填不满肚子的苦闷。而生于"三年自然灾害"时期的胡成中，也是以薄粥、番薯、菜梗等杂食糊口，才艰难成长。

小学时，两个人是同班同学。南存辉性格内向，成绩特别出色，担任班长；胡成中性格外向，极具感染力和带动力，任体育委员。当时，南存辉属于沉默寡言，埋头学习型，而胡成中则善于言谈，同其他人关系处得比较好。

13岁时，南存辉因为家庭的突然变故，不得不告别校园生活，子承父业，成为一名修鞋匠。而辍学，也成了胡成中必然的人生遭遇。在胡成中14岁的时候，父亲无力再供养他的初中学业，而子承父业做裁缝，也成了胡成中的唯一出路。

南存辉修鞋时，一开始并不心甘情愿，但后来，他依然为家庭担起了责任，变成了一个手艺精湛、广为人称颂的小鞋匠。胡成中起初也是不肯做裁缝的，父亲让他留在柜台接待顾客、收发衣物，他也十分抵触。但在生活压力之下，胡成中也逐步踏实学习，拥有了精湛的缝纫手艺。

不安分的南存辉不会在修鞋领域里默默无闻干一辈子，有着强烈爆发力的胡成中也不会甘心在裁裁剪剪中度过一生。他们在做好各自生计的同时，都在寻找着有用的商机。而最终，极具爆发力的胡成中抢先迈出了第一步。

当柳市镇低压电器生产开始活跃时，胡成中的心也变得不安分，也开始痒痒起来了。当时，身边不少人干起了推销，而且其中有一些人也赚了不少钱。于是，胡成中产生了出去跑推销的想法。他想方设法说服了父亲，打点好行装，一个人出门了。那一年，他16岁。

没有人知道，胡成中到底经历了些什么，只是后来成功以后，胡成中也常常满怀感悟，他说，有时候感觉到别人的成功是那么容易，而当自己真的身临其境的时候，才感觉到，成功并非唾手可得。

跑推销是很辛苦的，当然，辛苦还在其次，最主要的是对心灵的那种煎熬。因为胡成中很小就忍受过这些"白眼"，所以能顽强地承担下来这并不容易的"推销任务"。没有人知道，他经历了多少困难，但最终他还是收获了，因为订单一份一份在增加，细算一下，竟然赚到2000多元了。

2000多元，这得裁剪多少件衣服才能得来呀，对于胡成中来说，这算得上是一笔巨款。他看到了自己的希望，看到了前方财富的曙光，这笔钱是对他所选择人生道路的肯定。

可以说，他比南存辉幸运，因为在开始创业的路上，他的这第一桶金比南存辉要挣得容易得多。

当 16 岁的胡成中开始跑推销，赚到了人生"第一桶金"2000
元的时候，南存辉还在街头摆摊修鞋。

有一天，南存辉在街头出摊修鞋时，遇见了老同学胡成中。胡
成中告诉南存辉：自己不再做裁缝了，收入太低，缺少挑战性，没
有意思，目前正在推销电器，第一趟生意就赚了这个数——他向南
存辉伸出二根手指。

当明白这一数字是"2000"的时候，南存辉又羡慕又嫉妒，
2000 元，自己要补多少双鞋才能赚回来？南存辉的心里开始不平静
了，创业意识已经在他心里萌芽，并且越来越强烈。

终于，在 16 岁那年，他看到了一个机会，就毫不犹豫地放下了
修鞋的摊子，开始了在电器领域的艰难跋涉之路。这时的裁缝胡成
中，已经靠推销形成了一定的渠道，也赚了一些钱。胡成中不满足
于此，他想开办自己的工厂，当然，这一次的合伙人并不是南存辉。

南存辉，这个时候也没有想到与胡成中合伙，他和另外三个合
伙人搞起了电器作坊。在坚持了一个月以后，几个合伙人沮丧不已，
陆续退出，留下南存辉独自支撑着。

而胡成中创办的工厂也并非一帆风顺，在前景不明朗的时候，
其合伙人同样想到了逃离，也剩下他一个人在奋战。

胡成中明白，自己还不具备独立创业的条件，他需要一个有共
同理想共同目标的合伙人，来将这工厂开起来。在他绞尽脑汁搜肠
刮肚的时候，南存辉的身影在他头脑中闪过。

而就在胡成中寻找合伙人的时候，南存辉也正在为自己难以支
撑局面而寻找改变的路径。这时，胡成中上门了，约他一起办厂，
因为有着共同的背景及经历，有着共同的友谊，面对胡成中的邀请，

南存辉没有任何疑义的同意了。鞋匠和裁缝的牵手恰如哼哈二将的合作，似乎是那么的水到渠成。

有了合作意向，两个人开始坐下来，共同设计工厂发展的前景。没有其他人的帮忙，两个人就坐在那里自己分析：南存辉稳重，适合主内；胡成中外向，善于交际，还有过推销经验，负责业务具有优势。就这样，两个人各取所长，优劣互补。

对南存辉来说，两个人合伙创业，最难的还是创业资金从何处来的问题。胡成中做过推销，手头有一定的活动资金，而南存辉虽然已经创业几年，但一直处在维持阶段，没有足够的资金。最后，他想方设法说服了父亲，用家里的房产做抵押，从银行贷到了一笔创业资金。如果把第一次前店后坊的电器作坊算作第一次创业的话，那这次就是南存辉的第二次创业。

这一年，是 1984 年。

有些事情就是那么巧合，1984 年，是一个有些特殊的年份，对中国来说，这一年是一个具有转折意义的年份。1984 年，中国改革开放的总设计师邓小平同志首次到南方视察，开始拨开计划经济的迷雾。同年，党的十二届三中全会通过《中共中央关于经济体制改革的决定》，中国的经济体制"从计划向市场"转变。在 1984 年合众社选出的十大国际新闻中，赫然列于第五位的就是中国宣布经济改革。用日本《国际贸易》一篇文章的话说："中国进入真正的商品经济时代"。

对商业界来说，1984 年也具有非同一般的意义，也颇值得回味，比如我们熟悉的当今中国的企业领袖，柳传志、张瑞敏、王石等等，都是在这一年抢先迈出第一步，开始扬起创业的鞭子，策马狂奔。

1984 年，对南存辉个人来说，也是命运转折的一年。承载着他和胡成中梦想的"乐清县求精开关厂"正式诞生了，这也是正泰和德力西的前身。之所以以"求精"命名，是它的创始人希望它能做到——质量第一，精益求精。

鞋匠和裁缝牵手，走上了创业的道路，这一次，他们的企业将走向何方呢？他们能顺顺利利地走下去么？

"借"出来的电器厂

商海，对人们总是充满着诱惑力，好像深不可测的海底埋着黄金一般，谁都想扑入其中，试试自己的运气。但是，并不是每个人都能在这里游刃有余，有的人，可能会功成名就风光无限；有的人，可能会伤痕累累无所收获。鞋匠南存辉和裁缝胡成中，在商海中牵手漫游，他们游得顺畅么？

著名的经济学家茅于轼曾在微博上发表了一番感慨，他说："中国今天的财富增加跟 30 年前相比，就好像是作了一场梦，如果一个人一觉睡了 30 年，今天醒过来一看，不会认为还是在中国，好像到了外国。"这番感慨，让很多人感同身受，而南存辉，对此感触更加深刻。

从一个来自农村的小鞋匠，奋斗成为今天拥有亿万财富的低压电器大王；从事业起步第一个月只赚了 35 元，到今天成为拥有亿万资产的正泰集团董事长；从 1984 年求精开关厂创立，到今天正泰迈着大步走在时代前列，人们说，南存辉总有本领让人大吃一惊。

在人类发展的历史上，每一次进步，都会把一些有标志性的人物或事件，定格在历史的画廊里。南存辉和他旗下的正泰，在中国民营经济发展过程中，也已经成为了一面旗帜。而不了解正泰发展历史的人不会料到，这面旗帜的背后，是一个初始创业资本只有 5 万元，仅有 8 名员工的家庭小作坊——乐清县求精开关厂。

在人们羡慕甚至嫉妒南存辉的成功时，谁也无法体会到，南存辉成功的背后有多少刻骨铭心的辛酸和不为人知的泪水，正是凭借着百折不挠的进取精神，他才跨越了一道又一道障碍，在商海里学会了"游泳"。

一般来说，成功需要多方面的因素，最主要的是"天时、地利、人和"，如果占据了这三样有利的因素，成功就会来得相对容易一些。而乐清县求精开关厂建立初始，并不完全具备这些因素。

我们看看当时的背景，就可以想象出求精开关厂的境况。就在南存辉放下修鞋摊子开始走上创业道路的时候，柳市一些年轻人已经靠着自己的聪明才智，走上了创业致富的道路。其中，涌现出了著名的"柳市八大王"，即螺丝大王刘大源、电机大王胡金林等 8 人，他们在不同的行业中打拼，是当时柳市的冒尖户，也是温州最早的个体户，可以说，他们是温州第一批尝到市场经济甜头的人。

他们的成功也带动了越来越多的人开始走上创业的道路，然而，一场意想不到的风暴已经悄悄来临。1982 年，国务院两次发文，要求严打经济领域的犯罪活动。而浙江温州乐清的柳市，竟然被确定为重点打击区域，其中，"八大王"被作为重要打击对象受到关押。一时间，工商企业人人自危，工厂关门，商店收摊，一些创业者也纷纷躲藏起来，柳市的经济江河日下，七零八落。

1984 年，南存辉投资建厂之时，"八大王"被关押带来的影响还没有完全消除，国家也刚开始作出经济改革的决定。工厂的未来如何发展？说实话，南存辉的心里也没有底。但他感觉，国家的政策在向利好的方向发展，如果自己不抓住，就有可能错失很多机遇。

求精开关厂建立初始，可以算得上是一件"三无"产品：无过硬技术、无可用人才、无相关设备。而南存辉也是"三不懂"：不懂生产技术、不懂产品质量、不懂市场。

最主要的是，靠抵押房屋贷来的创业资金，完全投在了建厂上，再也没有其他的活动经费了。求精开关厂如同一个空壳，考验着创始人的智慧和耐力。一分钱能憋倒英雄汉，厂子的后续经营成了一个困扰南存辉和胡成中的大问题。

如果用当时的眼光来看，这些困难是那么切切实实地存在着，可以说，天时、地利、人和的因素都占不上，两个创业的年轻人，只是凭借着创业的激情，就开始了无所畏惧的创业旅程，是不是有些"太冲动"了？

今天来看，人有时候真的需要一些"冲动"，需要一种无所畏惧的精神，勇敢的走出第一步，这样才有成功的机会和可能。如果当时南存辉害怕这个害怕那个，犹犹豫豫，也就不会有他今天的成就。

求精开关厂成立了，困难切切实实地摆在眼前，工厂还得继续办下去，还得想办法让它赢利，怎么办？活人不能让尿憋死。苦思冥想了三天三夜，绞尽脑汁后，南存辉想到在"借"字上作文章。借什么？只要是能借来的东西，都借。

首先是借模具。工厂刚刚成立，车间没有模具，南存辉就四处求人，从别人那里借来模具使用。这个时候，3年修鞋期间积攒下的信誉，让柳市人对这个曾经的小鞋匠充满了信任，只要他张口，就没有碰壁的时候，人们都毫不犹豫地借给他，并且不附带其他任何条件。

模具的问题解决了，马上又面临另一个问题：如何加工自己的产品？南存辉又想到了"借"。他找到生产零部件的厂家，购买其生产的零部件，以此来组装产品。说是购买，倒不如说是"借"，因为南存辉无法按照"一手交钱、一手交货"的买卖原则付款。他磨破嘴皮子，说服了生产厂家，采取赊账的方式，将需要的零部件先拿来用，产品卖出钱后再付款给厂家。

通过这种方式，求精开关厂生产出了自己的产品，产品也开始销售了。而南存辉没有忘记困难时刻帮助过他的一些零部件企业，只要收回资金，他马上就付款给赊账拿来产品的工厂，能提前一天是一天，从来不拖延。

因为讲诚信，说到做到，人们开始信任他。逐渐的，南存辉和一些厂家成为固定的合作伙伴。久而久之，这种困难时期不得已而为之的"先欠后付"的方式，不仅助力求精开关厂渡过了艰难的创业初期，也成为"求精"开关厂乃至以后"正泰"电器有效利用资金的一大特色，被人们称为"借鸡生蛋"。

就在求精开关厂成立之时，柳市已经有了太多的电器厂家，而且大部分都属于家庭作坊式的工厂，走的是"低质低价"的路线，产品质量比较低劣。而同为小作坊的求精开关厂则与众不同，从工厂成立初始，就一直注重打造过硬的产品质量。在产品的生产过程中，产品质量问题一直是一道别人无法触碰的底线，南存辉要求，无论任何情况下，绝不能生产不合格的产品，不能生产假冒伪劣产品，这是他的底线。

时间久了，求精开关厂渐渐开拓出了自己的客户，很多熟悉南存辉的经销商都认为，求精开关厂的产品质量可靠，愿意为他推销。靠着勤劳，凭着信誉，求精开关厂一点点步入正轨，开始走向良性发展的轨道。

可惜，好景不长。

穷则思变。利欲熏心。由于在柳市做低压电器生意的人越来越多，竞争也越来越激烈，一些经营者在竞争压力面前，没有选择正当的途径，反而被"速度"及"金钱"所诱惑，开始降低生产成本，以次充好，以假乱真，一时之间，假冒伪劣产品逐渐兴起，冲击了正常的市场竞争秩序。而后果是，越来越多的企业被逼无奈，也放弃了底线，开始加入到制假售假的行列中，形成了一个恶性循环。

在假冒伪劣产品横行的日子里，刚刚站稳脚跟的求精开关厂的生意也受到了很大的冲击，可以说，工厂的发展进入到第二个"关口"。怎么办？

南存辉和胡成中坐在一起研究对策，这时，南存辉再次表现出了他的聪明才智，他认为，必须严抓产品质量，生产出质量更高的产品。而要做到这一切，必须有人才来支撑。南存辉决定：继续借，借人才，借技术。

在借来了模具、借来了产品零部件后，南存辉又想到了借人才、借技术。要让求精开关厂的产品真正做到"精益求精"，以过硬的产品质量在市场上立足，就需要技术人才。当得知上海人民电器厂有几位退休"专家"是难得的技术人才时，他"四顾茅庐"，用诚心打动了几位原本退休在家安享晚年的人才，硬是把他们从退休后的居住地上海，请到了温州柳市这个小地方，加盟了求精开关厂。

而这几位专家也真的没有让南存辉失望，在他们的指导下，南存辉严把质量关，以"质量过硬"的美名在柳市众电器杂牌中打出了知名度。

就在南存辉着手打造质量品牌的时候，整个温州都被"假冒伪劣"包裹着。

有这样一个流传很广的故事：一个北京的参观团到温州，参观团的成员每人都买了一双当时畅销全国的温州皮鞋，每个人都很开心，兴高采烈的穿上了。可是，在他们还没有走出温州时，脚上的鞋就坏了，底子断了，帮也脱了。原来，他们买到的是假冒伪劣产品，不是正品。

这还了得！来自皇城根的人，你们也敢骗？这次事件过后不久，一场大面积的打假行动开始了，而就在打假的过程中，由国家六部委组成的工作组猛然发现，在柳市，还有求精开关厂这样一家以质量取胜的低压电器厂，于是，求精开关厂脱颖而出。

严把质量，"求才"利"求精"

可以说，南存辉有智慧，也有长远眼光，在别人生产假冒伪劣产品以求一时获利之时，他却把修鞋时悟出的道理用在了创业上，始终把质量当作产品的生命线，为了生产出质量合理的产品，他想到了"借技术，借人才"。

求精开关厂创立初始，南存辉就非常注重人才效应。在他看来，人才是企业发展最重要的因素，有了人才，企业才能长期发展，有了人才，企业才能在激烈的市场竞争中拥有一席之地，人才，是企业发展的强力后劲和不二法宝。

姜太公钓鱼，钓到了爱才的周文王。周文王得到了姜太公的扶助，才推翻商纣统治，建立了周朝。

三国时期的刘备，因为爱才，"三顾茅庐"，终于请到了隐居的高人诸葛亮，成就了其三分天下的志向。

南存辉对人才的重视，也达到了如痴如醉的程度。在建厂初期，借来了设备，借来了零部件，工厂的运营依然还有困难，这个时候，南存辉想到了人才。没有人才，怎么办？他又想到了借。

去哪里借？借谁？经过多方打探，南存辉听说，上海人民电器厂有三位退休师傅王中江、蒋习兴、宋佩良，技术精湛，是低压电器领域里的"技术高手"，如果能请到他们，助力求精开关厂，企业发展才能有后劲，有希望。

人才的来源找到了，下一步就是行动，豪气冲天的南存辉带了400元钱，独自一人闯进了大上海。

对于南存辉的举动，很多人认为他是异想天开，人家上海的退休人才，在家安享晚年多好，谁会千里迢迢来到你这个穷乡僻壤的柳市呢？能请动么？人们抱着看热闹的心态。

20世纪80年代中期，全国的交通远没有现在这么发达，交通还很闭塞，南存辉从温州出发，去一趟上海，要坐24个小时的船。

第一次坐船的时候，船体在行进过程中摇摇晃晃，南存辉就想到了自己的企业，一个刚刚成立的小工厂，也如逆水行舟，如果不能前进，就只能倒退了。他知道，前方还有很多困难在等待着他，现在，他一门心思只想请到人才，给工厂带来发展的力量。

人来人往的大上海，哪里才是几位师傅的家？几经辗转，南存辉打听到了王中江的家。

满怀期待的南存辉扣开了王师傅家的门，没想到的是，当南存辉说明来意，王中江师傅却一口回绝了。

这个时候，如果换作其他人，可能也就此停住了，因为人家已经说得很清楚，年龄大了，不想再外出工作了。但轻言放弃却不是南存辉的性格，他是那种越经历挫折越勇敢的人。不达目的，不会轻易罢休。人才，哪能是那么容易请得动的，既然王师傅不愿意"出山"，那就继续请。

时隔几天后，南存辉又敲开了王中江师傅家的门。

这一次，王中江师傅再一次回绝了。因为当时的柳市电器已经声名狼藉，全国均知其"臭名"，而南存辉来自乐清柳市，王中江师傅不想"蹚那趟浑水"。

也许这事在一般人来看，就到此截止吧，请了两次，人家还不愿意去，咱也不能硬逼着。然而南存辉不是一般之人，更不会轻易放弃，一次不行两次，两次不行三次。由于在温州和上海之间往返频繁，为了省钱，南存辉就找了一家价格最低的旅馆，和大家挤在一起，住最便宜的房间，几次下来，旅馆的老板都认识了南存辉。有时候，在师傅家呆得晚了，南存辉就打地铺住到师傅的家里。

终于，他的诚心最先感动了王中江师傅，为了稳妥起见，王中江师傅问了南存辉一个问题："你想赚今天的钱还是明天的钱？如果你想赚今天的钱，那你根本不要找我，搞点假货就行了；你要想赚明天的钱，就得听我的！"

"我只会赚明天的钱！"南存辉斩钉截铁地回答。他表示，自己从修鞋中早已悟出质量为上的道理，假货只能骗得了一时，而只有靠质量取胜的产品，才能赢在最后。

听了南存辉的表态，王中江师傅告诉他：你去买票吧，明天我就同你走。就这样，王中江放弃了退休后在上海的悠闲生活，随着南存辉来到了他们的小作坊。一起同来的，还有蒋习兴、宋佩良。三个人同时出山，成为求精开关厂的第一批技术人才。

人才请到了，下一步是如何让人尽其才，发挥出应有的作用。

来到求精开关厂后，几位师傅提出，产品首先要抓质量，要抓质量就一定得有一个测试实验室。求精开关厂首先要做的，就是建立一个测试实验室，以保证产品的质量。

面对几位师傅的提议，南存辉和胡成中满心欢喜，一口应承下来。而开始运作的时候，两个人都傻眼了。因为建立这样一个实验室，需要30万元。

30万元，对于当时的求精开关厂来说，无异于一个天文数字。当时，他们的总资产还不足10万元，流动资金不足1万元，去哪里拿30万元建一个测试实验室？

南存辉敢想敢干，既然最有发言权的"人才"都说了，哪有不干的道理。思来想去，他借遍了所有的亲友，还借了部分高利贷，终于，投资30万元的产品检测实验室建起来了。

对于这种做法，大多数人都认为，南存辉疯了，彻底疯了。当时柳市的电器市场已经乱套了，大量的劣质产品进入市场。这些劣质产品因材料、做工及工序等方面成本低，所以销售价格极低。而南存辉在这种情况下，却砸进去30万元，建一个在当时前景并不明朗并不知有何作用的实验室，难道不是疯了吗？

人们怀疑：仅靠三个退休的技术人员，能起多大作用呢？南存辉把"宝"押在他们身上，风险是不是太大了？

南存辉并不理会外界议论的话语和异样的目光，他认准的路，10头牛也拉不回来。他从修鞋中悟出来的"质量是硬道理"，一直影响并支持着他，生产出过硬的产品。现在看来，正是这种异于常人的魄力，才带来了他以后的成功。所以说，成功并非是突如其来的，与人的性格有很大的关系。

实验室建立起来了，过硬的产品生产出来了，南存辉坚持不打价格战，他坚持一分钱一分货的道理，自己的产品质量过硬，价格自然要高。当然，这种价格定位在初始并没有显现出优势，当时人们只认价格不认质量，因为没有价格优势，工厂的经营状况远远不如别人。

这个时候，一些风言风语再度传起，有些人抱着"看热闹"的心态，说他白白损失了30万元，有些人出于好心的提醒，让他也生产一些成本低的产品，这样利润高，还有价格优势。

对外界的反应，南存辉不为所动，他内心深处一直坚守着：人不能被眼前的短暂利益所诱惑。别人在议论他时，他却还在整夜同几位工程师谈论着如何控制产品的质量，如何生产出过硬的产品，如何在电器市场上立足。

付出总有回报，正是因为寂寞中的坚守，换来了巨大的市场回报。不久，因为柳市生产的低压电器产品存在质量问题，已经危害到了人的生命安全，至此，人们开始认识到假冒伪劣产品的危害。这时，南存辉则开始大力推销自己质量合格的产品，为了给产品一个有利的标签，1988年1月，他申请到了国家机电部颁发的生产许可证，求精开关厂成了柳市乃至乐清县的第一家取得生产许可证的企业。

1989 年，国家下决心要打击假冒伪劣产品，一批又一批的工作组开进柳市，开始对柳市的低压电器市场进行清理整顿。整顿中，工作组猛然发现，在这混乱的低压电器市场中，居然还有那么一枝独秀出淤泥而不染的企业，竟然是领了生产许可证、质量过硬、有自己品牌的企业。

是优秀的企业就得扶持，南存辉和他的求精开关厂终于脱颖而出，成为温州市、乐清县两级政府的重点扶持对象。

借此机会，南存辉再次扩大了工厂的规模，"求精"产品也开始畅销全国。

一定程度上来说，求精开关厂在混乱中立足，很大一部分是靠人才效应。尽管南存辉有着质量为上的理念，但如果没有相应的技术人才研究合格的产品，没有严格的管控程序控制生产，没有当初投资成立的产品检测实验室检测质量，再好的理念可能最终都成为空话。

第三章

事业中兴，"求精"遭裂变

"7年之痒"

心怀青云之志的南存辉，在给别人修了3年鞋后，勇敢地踏出了创业的第一步，初试商海，微薄的利润并没有打消他的积极性。后来，他与同学胡成中合伙，共同开办了求精开关厂，几经周折，求精开关厂终于在柳市立足了，迈开了大步向前的脚步。可是，在创业的路上，他们能走多远呢？

2014年，对求精开关厂的创始人南存辉和胡成中来说，或多或少都有些感慨。不知是感慨世事无常，曾经的合伙人早已各奔东西；还是感慨两人曾经牵手共同打拼过的岁月，留下了两人最初也是最深的回忆。30年了，由牵手到分手，两人内心深处，或许都有那么一丝丝怀念，怀念当初在一起做企业的日子，怀念两个人一起经历的风风雨雨。

30 年，再次回看柳市的低压电器市场，南存辉和胡成中这对搭档创办的"乐清县求精开关厂"，依然可以称作是柳市低压电器的母体。就是最初这么一个没有资金、没有设备、没有技术、没有人才的家庭小作坊，居然由默默无闻举步维艰，到历经风雨完全站稳脚跟，再到发展为当地的龙头，最后到分裂解体，它孕育出了一对双胞胎企业——正泰和德力西，这两个企业，在当地电器企业中分别排名在第一位和第二位。

孕育的过程，说短不短，说长不长，时间恰好是 7 年。

在人们的传统观念中，7 似乎是一个神奇而特殊的数字，只要与 7 联系在一起，似乎都有一点不顺利。对此，有人形容，逢"7"是一道坎，凡是与"7"挂边的事，或多或少都会经历一些风雨挫折。而人们最常用来比喻的，是形容婚姻和家庭的"7 年之痒"。

"7 年之痒"是个舶来词，来源于古罗马。古代罗马人认为，人的健康状况每 7 年就要变化一次，许多事情发展到第 7 个年头，都会不以人的意志为转移而出现一些问题，比如感情，比如婚姻，比如生活，比如工作。后来，"7 年之痒"经常被用来解释婚姻方面出现的一些问题，现在，只要提起"7 年之痒"，人们自然而然就会将其与婚姻、与家庭联系在一起。

"痒"，原本是"不舒服"之意。人们认为，在一个环境中呆久了，难免会觉得不舒服，觉得烦躁。不舒服了，就会生出一些其他的想法，这就是"7 年之痒"产生的原因。如果渡过了这个烦躁期，以后的日子可能就顺风顺水，如果渡不过这个烦躁期，两个人的家庭可能会就此解体。

当然，"7年之痒"多是形容家庭，又不单指家庭，对于合作伙伴来说，也有"7年之痒"。想一想，这也有相通之处，合作伙伴与家庭生活类似。合作伙伴由最初产生创业意向，到合伙创业，再到共同打拼，原本应是互相扶持的两个人，恰如生活中的夫妻一样。经历了事业的发展期，可能就会对企业的决策和发展方向产生不一致的想法，步调再也无法一致的时候，也就很容易各奔前程了。

不多不少正好7年，南存辉和胡成中这对合伙人，也开始"痒"了一把。

夫妻之痒，或许是因为性格不合，或许是因为太熟悉，相互之间没有了感觉。7年时间，最初的新鲜感早已过去，日子已经逐渐趋于平淡，矛盾也就开始显现，问题也就一个接着一个的来了。这时候，考验的就是双方的态度和智慧，问题处理好了，就能走过"痒"的时期，真正成为一家人了。处理不好，解体也就再所难免了。

南存辉与胡成中的"痒"，与夫妻之痒有很多相似之处。两人虽然有着相似的经历，但是，在性格方面，两个人有着完全不同甚至是对立的性格。南存辉沉静、稳重，主张专一，做事力求稳妥，不肯轻易出手；胡成中则喜欢热闹，喜欢尝试，愿意抓住身边的各种机会，挑战新生事物。

选择共同创业，是为了规避创业初期的风险，在创业之初，两个人的性格正好互补，一个主外一个主内，共同维系着企业的发展，两人的合作可以说是"相当完美的组合"。而当企业发展到一定阶段的时候，当他们不必再为企业的生存而发愁的时候，他们的性格对立面也开始显现，矛盾也渐渐变得不可调和，恰如生活中的夫妻一样，"痒"已成为一种必然。

2013 年，在中国的影视界，《中国合伙人》的火热上映引发了观众的无数共鸣。有人说它展现了一群年轻人的激情创业史，三位创始人创业初期的肝胆相照让人们感动得热泪盈眶。有人为此叹息，感慨于三位主人公财富膨胀后却在中途分道扬镳，那种"剪不断、理还乱"的利益纠葛。

作为一个企业的掌门人，南存辉没有时间也没有精力去关注什么影视作品，他对那一切并不感冒，但《中国合伙人》是个例外。不知道是不是相似的题材吸引了他，还是他忆起了自己也曾经有创业合伙人，这部反映中国合伙人利益纠葛的影片，南存辉看了，而且看了不止一遍。每看一遍，他都有更深一层的感悟，不仅是感悟故事的主人公，也是感悟他自己。

他和胡成中虽然最后走上了散伙的道路，但是，7 年的时间也留下两人美好的记忆。在求精开关厂刚刚成立的日子里，为了让企业能生存下去，两个人把工厂当成家，全身心扑在工厂的经营上；在企业缺少技术人才发展艰难的时候，二人也曾一同奔赴上海请来了技术人才；在和技术工程师一起研讨如何把关产品质量的时候，二人也达成一致默契。南存辉心中，有太多关于合伙兄弟的感悟。

"不要和你最要好的朋友一起开公司"，对于电影中的这样一句经典台词，南存辉并不赞成，他总觉得这话多少有些以偏概全的意味。他又想起了他的兄弟胡成中，想起了当时一起创业的"老大哥"，想起了当时求精开关厂发展的点点滴滴，想起了两人一起走过的路，一起渡过的困难时期。虽然，两个人没能一起走得更远，但曾经共同拥有的岁月，也是一生难以忘怀的美好记忆。虽然分手了，但兄弟情义还在。直到现在，南存辉心中依然感激胡成中，他说，如果没有最初和胡成中的合伙，如果没有当时的求精开关厂，就不会有现在的南存辉，不会有现在的正泰。

在中国的民营企业界，南存辉与胡成中的"分手"，并不是偶然的个案。实际上，合伙或者散伙，在民营企业界一直演绎着多个版本。最普遍的一种是：最初创业的时候，合伙人多数能做到兄弟结义，彼此同心同德，面对最艰难的时光；而一旦有所成就之后，则多数又会陷入利益分配、股份多少等纠葛中。多年以来，民营企业合伙人之间发生着太多的动荡和冲突，一波接着一波。创业困难初期合作而企业发展壮大后散伙的例子比比皆是，可以列出长长的一大串。对此现象，人们不禁疑惑：为什么能"有难同当"，却不能"有福同享"呢？

曾经创造创业板最快上市"神话"的乾照光电，在2013年底，创始股东就上演了一出"中国散伙人"式的悲剧，使乾照光电一度陷入"无主"的尴尬局面；还有被人称作"万通六君子"的冯仑、潘石屹等六位在商界叱咤一时的风云人物，他们曾共创万通，引领中国地产半壁江山。最后，他们又因利益而分手；联想的柳传志与倪光南；国美的黄光裕与陈晓等等，中国合伙人由兄弟演变为"冤家"的例子并不在少数。

对这一现象，有人专门梳理并进行了研究，结果发现，由合作到分手的关键词，分别是合伙人角色转换、利益分配不均衡、股权设置不合理、个人的发展理念冲突等等，占据了导致合伙人分手原因的高位。

有人对此总结说，中国合伙人只能共患难、不能同富贵的心理所在是"我家麦子熟了，谁来偷偷割两把怎么办？"几千年流传下来的小农思想，直接影响到了当今中国的商业理念。

实际上，合作伙伴散伙的原因有多种，没有谁对谁错之分，归根结底，可以用一句"性格不合"来概括。

南存辉和胡成中，创业之初二人共同打拼，历经艰难，把求精开关厂带到了柳市同行业的龙头位置。而当企业进入快速发展期，积蓄了发展的资本后，两个人性格不合的矛盾开始显现，在企业的经营上开始出现严重的分歧。遗憾的是，两个人最终没有逃出"7年之痒"的怪圈，最终走上了"分手"的道路。南存辉和胡成中，在散伙以后都重新开始了另一次创业，并分别开创了另一个企业发展的神话。

没人想要当"老二"

也许是当局者迷，旁观者清，在了解南存辉和胡成中的局外人看来，两个人能在一起合作了7年，真的是达到极限了，已经大大超出了他们的预料。实际上，早在二人合作之初，熟识他们的人就曾断言：这两个人合伙创业，多少有些不搭配，少则3年，多则5年，必然散伙。

下此断言的人给出的理由是：两个人都太强了，都太有个性了，单从二人那水火不容的性格来看，他们不会走得更远。

为什么说是水火不容的性格呢？朋友说出这样的话，当然不是空穴来风，自然有他的道理。

如果用对立的词来概括两个人的性格，一静一动，一冷一热是再恰当不过的了。南存辉的性格特征是深沉、冷静，他喜怒不形于色，外人很难猜透他的内心在想什么。他主张专一，是那种"从一而终"的人。据说，这种人沉得住气，办事不声不响，工作作风细致入微，有锲而不舍的钻研精神，很容易成为某一个领域的专家和能手。当然，这种性格的人也有缺点，那就是行动不够敏捷，凡事三思而后行，容易错过生活中的机会。

相比南存辉，胡成中不喜欢墨守成规，不喜欢一成不变，他喜欢热闹，喜欢尝试，喜欢改变，总想抓住各种机会，在多个领域去尝试新鲜事物。这种性格，表现在与南存辉合作时，南存辉的沉静经常让他抓狂，甚至有些歇斯底里。而南存辉，则任凭雷霆万钧，我自岿然不动。

在与南存辉分手以后，胡成中成立德力西电器厂，自己当家作主了，他有了统筹一切的魄力，多元化风潮来临时，他广泛撒网，主动出击，在房地产、服装、贸易等领域都有涉足。而执掌正泰的南存辉，则在多元化风潮面前依然坚守自己的领域，一直坚持"三不做"的原则：不熟悉的不做、行业跨度太大的不做、没有优势的不做。分开以后，从两个人的经营方向和扩张方式可以看出，两人共同经营同一个企业7年，真的是非常不容易。

南存辉和胡成中走在一起，共同创业，最初的目的很单纯，那就是共同抵抗创业初期的风险。在两个人选择合作以前，都分别尝试着进入商海，当然也是同几个合伙人一起，而因为并不明朗的发展前景，他们的合伙人都选择了逃离，要想继续创业，存在一定的难度。两个人当时如果不合作，谁也无法单打独斗创办自己的企业，正是二人联手，才开创了求精开关厂的美好局面，从这一点上来说，二人合作不是偶然，而是必然。但在企业成熟以后，分手也是必然，不是偶然。

拿破仑曾说过，不想当将军的士兵不是好士兵。这句话道出了大部分人的心理，谁都想当将军，作个统领千军万马的指挥者。如果有现实的土壤，谁都会争先恐后去争当将军，而不是心甘情愿地受他人的指挥，做一个默默无闻的士兵。

南存辉的性格虽然更多的是沉静而沉稳，但这不代表沉默，不代表他只能安于现状，默默无闻随遇而安。他也有"野心"，也想当"将军"。当然，这里的"野心"，并不是中国传统文化里的贬义词，并不是不忠不义为达目的不择手段的意思。这里的"野心"，是指个人对权力、对名望、对金钱的欲望，在这种欲望的支配下，通过合理合法的手段，去获取实现的途径。

南存辉有"野心"，胡成中更不会安于现状，他也有"野心"，而且更强烈，内心深处有着更大的"当将军"的诉求和欲望。当然，这种"野心"，除了与性格有关外，也受当地地域文化的影响。在南存辉和胡成中所生活、接触的温州人的圈子内，人们普遍认同的一种说法是，"不想做老板的人不是真正的温州人"。在这些温州人的观念中，要自己做老板，自己要为自己干活，因为只有"事业"是自己的，干起来才有劲，才能卯足劲去干，才能干出成绩来，哪怕这个"事业"再小，毕竟是自己的，比与别人合伙强。当然，自己做老板还一个好处，那就是拥有完全的自由，在精神上有一种优越感，能自己给自己做主，愿意怎么干就怎么干，赚了赔了都是自己的，自己对自己负责，别人管不着。

南存辉和胡成中都想当将军，没有谁会甘心居于士兵的位置。两个人最初的合作，不是惯常的股份制，而是合伙制，即两人各占

50%的股份，在话语权上地位相当。公司的发展因为涉及到两个合伙人，所以，谁当"老大"谁当"老二"的问题，也就很现实的摆在了眼前。

我们知道，老大和老二的地位不可能一样，而对于企业来说，这种所有权和主导权更加强烈，"老大"拥有着绝对的指挥权和决定权，"老二"呢，虽然权力也不小，但在中国人的传统观念中，"一山不容二虎""一国不容二主"，对于一个企业来说，"老大""老二"又怎可同日而语呢？谁又会甘心居于"老二"的位置呢？

这就产生了一个问题，两个人有共同的发展思路时，政策很容易执行，但当两个人在发展方向上有不同的思路时，就会出现"听谁的"这样一个问题。南存辉想按自己的意愿去发展，胡成中也想按自己的意志去行事，谁也说服不了谁。怎么办呢？工厂还得往前走，于是，在绞尽脑汁后，两个人想到了一个"公平"的办法，那就是"轮流做庄"，厂长轮着当。即今年南存辉当厂长，胡成中是法人代表，那明年则是胡成中当厂长，南存辉当法人代表。一人一年，轮流"做庄"，公平合理，谁也没有抱怨，没有说辞。

于是，求精开关厂就有了这样一种特殊现象，在对外交往时，两个人的名片上，都印着"厂长"的头衔，对此，不了解实情的人很是惊奇，他们疑惑，一般一个工厂，只能有一个厂长，当然，可以有几个副厂长，那在名片上，必须明确标明"副厂长"，而两个人的名片上，都没有"副"字，这是怎么回事呢？而当明白了事情的原委，人们又开始感叹。当时，与他们接触过的人也有预言，两个都想当老大的人，他们在一起不会走得太远，分手是必然的，只是早晚的问题。

合伙人分手，是中国民营企业界普遍存在的问题，对于企业家散伙，人们说他们是"有难能同当却不能有福同享"。为什么出现此种现象？有人经过研究后得出结论：公司规模一旦达到一定的高度，分银饷、排座次、论荣辱就会慢慢摆在企业家面前，这是合伙民营企业最难跨过的三关。

南存辉和胡成中合伙开办的求精开关厂，也没有跨越这三关。求精开关厂刚刚成立之时，并不涉及到这个问题，因为当时企业刚刚成立，还处在风雨飘摇中，随时都有可能夭折，所以，南存辉和胡成中需要考虑的，也是首先要解决的，是工厂的生存问题，是如何在市场上站得住脚的问题。所以说，尽管两个人的经营理念有冲突，但是可以调和。也就是说，企业发展的主要矛盾掩盖了性格不合经营理念不合的矛盾。

7 年以后，当初那个默默无闻举步维艰的小厂，已经发展成为一个总资产 200 多万元，年产值 1000 多万元的正规企业，已经成为柳市低压电器行业的龙头企业。生存问题解决了，企业也有了一定的知名度，被掩盖着的问题就渐渐浮出了水面。

这时，两个人的心里，也都发生了微妙的变化，谁都想当老大，想让这个企业按照自己的设计去发展，各占 50% 的股份让两个人话语权相当。企业未来的发展点在哪里？对外交往时谁是企业的代表？企业的经营是搞专一化还是多元化？谁的亲戚朋友可以进到企业来？他们在企业里要处在一个什么样的位置？在这些问题激烈碰撞后，两个人还是无法达成一致意见，分手也就不可避免了。

而多年以后，当初选择分手的两个人，都拥有了自己强大的企业，股份制也好，合伙制也罢，两个人，都毫无争议的成为了企业的"老大"，各自统领着一个国际化的大企业，在商场上叱咤风云。

回望曾经走过的路，总结当年分手的原因和分手以后的发展，南存辉和胡成中不约而同的表示：散伙是一个正确的选择，正如破茧而出的蝴蝶一样，虽然有过阵痛，但结果是美丽的。

散伙以后，两个人的心里都有不舍的情绪，毕竟，求精开关厂也是他们的"孩子"，在他们的手里成长了7年。而现在，两个人都庆幸当初选择了散伙这条正确的路。"两个人的性格完全不同，在企业的发展思路和观念上都会有所不同，如果继续走下去，可能做得更大一些，但分开也有利处。"胡成中表示。

南存辉则强调，两个人合伙经营企业是缘分，发展到一定程度后分开也是一种缘分，缘聚缘散，是再正常不过的了。因为两个人的观念不一样的时候，真就没有必要继续捆绑在一起，承受更多的痛苦了，分开是最好的选择。

"求精"和平分家

"分开是最好的选择"，无论对南存辉还是对胡成中来说，他们都庆幸当时毅然分开，没有承受着面子上的"好看"，而忍受着内心的孤独。

南存辉和胡成中都是相当有魄力的人，"厂长轮着当"这一"发明"是当时温州民营企业界的一道独特景观。但是，一种制度在它发挥效用的同时，也必然会在其他方面显现出弊端。两个人的发展思路是不同的，厂长一年一换，厂子的发展思路及发展方向也随之改变。胡成中的每根头发都像是竖起的天线，随时随地捕捉着外来的商机。所以，在胡成中当厂长的时候，所做的决策就有些创新，甚至有些冒进；而南存辉则不言不语，坚守着自己的一亩三分地。所以，在南存辉当厂长的时候，工厂的发展就相对平稳，只是做好当前的事。

两个人轮流"执政"，小的方向不影响生产与销售，但事关工厂发展的一些决策思路却有些摇摆不定，时而偏向左，时而偏向右，没有一个持续性。南存辉和胡成中都认识到了其中隐藏的风险，由于企业领导的不连贯性，求精开关厂处在不是很稳定的状态。这样下去，企业的发展将会岌岌可危。

两个合伙人在利益上的冲突越来越大，"求精"发展的障碍越来越多，工厂的发展也受到了严重的影响。而放眼外部，柳市低压电器市场发展势头正旺盛，处在空前的兴盛期，经过对假冒伪劣产品的整顿，一些生产假冒伪劣产品的企业受到了惩处。柳市正规企业迎来了大好的发展时机，许多同行正抓住机会，更新设备，扩大规模，以期占领有利的市场位置。

看看企业内部，再放眼外部，南存辉陷入了深深的痛苦中。而这个时候，胡成中也同样被痛苦折磨着。如果再这样下去，他们都对企业能走向何处没有底气，也没有信心。

南存辉认为，如果两个人能统一观念，继续合作是最好的选择。但当观念不一致的时候，硬捆绑在一起，就只能是加剧双方的痛苦，如果继续下去，拖垮的将是整个企业，谁也不想看到这一天，因为这个企业，倾注着两个人多年的辛苦努力，倾注着两个人全部的心血。

南存辉和胡成中这对合伙人，为了共同创办的企业的未来，开始坐下来，心平气和地谈了起来。那一天晚上，没有人知道两个人都谈了些什么，只知道，两个人一直聊到天亮，一夜未眠。

就在两个人谈完不到一周的时间，一个工程队进入到求精开关厂，开始热火朝天的干了起来，他们在原本为一体的生产车间正中间砌了一堵墙，把车间一分为二，一个叫一车间，一个叫二车间。南存辉和胡成中一人负责一个车间。后来，大家才知道，两个人在尝试着"分手"。

"分手"的方式有多种：有心平气和默默无语的分手；有你争我夺互相拆台的分手；有上演恩怨情仇的分手；也有小心翼翼的分手。南存辉和胡成中的"分手"，则是在试探中慢慢尝试。

两个人的想法是：慢慢尝试，如果尝试成功，就可以完全分开；如果尝试失败，那还有挽回的余地，还可以合二为一。

1990年，两人开始尝试"分家"的前奏。说它是前奏，是因为二人的"分家"有些特殊，别的合伙人散伙都是干净利落该一是一该二是二，分得彻彻底底，甚至"老死不相往来"。但南存辉和胡成中的散伙，则是慢慢地试探着推进，厂名还是一个，由双方共用，不同之处在于，两个人各自负责一个车间，各自生产，并且打同一个牌子分别销售。

两个人的意思很明确，不是都想当厂长么，那就一人负责一个车间，互不干涉，按照自己的发展方式去施展拳脚，看看结果到底能怎么样。

经过一年的运行尝试，双方发展的势头都不错，这就说明两个人即使分开，也能很好的发展。于是，1991年，求精开关厂正式一分为二。

虽然明白分手是必然的选择，也是获得新生的动力，但真正走到那一步，只有当事人心中能体会，分手的感觉还是很痛苦的，远不是那么一句"散伙了"那样简单。南存辉和胡成中的分手，尽管是以和平方式进行的，没有任何你争我夺的场面上演，但毕竟合作了7年，猛然分开，都不是很适应。

分开以后，两个人将走什么路，要何去何从呢？这对南存辉和胡成中来说，都是一个严峻的考验。二人不能总在隔着一堵墙的生产车间各自为政吧？不能再用同一个品牌来销售产品吧？分手以后，两个人心中也暗自较劲，都想处在"老大"的位置，都想能得到更好的发展，拥有更美好的未来。

求精分家以后，胡成中感觉自己完全自由了。他联系了几个亲戚，成立了一个家族企业，当然，主宰权在胡成中手中，他是实至名归的老大。新企业命名为"德力西"，寓意"赶超德国西门子"，体现了胡成中的雄心壮志。当然，他没有脱离他的老本行，没有离开低压电器领域。

南存辉，也不甘落后，而是想尽办法融到了资金，开办了"中美合资温州正泰电器有限公司"，当然，他也是没有任何争议的"老大"。而以正泰命名企业，取义于"正气泰然，三阳开泰"，体现了南存辉"做企业要先做人"的理念。

求精"分裂"后诞生了柳市另两家低压电器巨头，两家企业后来都成为了国内低压电器行业的领军企业，而南存辉和胡成中也被冠以"柳市双雄"的称号。

"兄弟冤家"齐"斗法"

南存辉与胡成中都将心中曾经拥有的美好记忆封存在心底，从工厂分裂的那天起，他们就注定要成为同一个领域里不可避免地竞争对手。

人们常说，生意场上，没有永远的敌人，也没有永远的朋友。朋友或敌人，都是以利益为前提的，这话不假。南存辉和胡成中既是生活中的朋友，更是生意场上的"敌人"。

从求精开关厂分立出来以后，胡成中和南存辉都选择了创业再出发。胡成中成立了德力西电器有限公司，而南存辉则成立了中美合资温州正泰电器有限责任公司。我们先不论企业的发展，先看看二人命名的企业，一个是"德力西"，意为"赶超德国的西门子"，一个为"正泰"，想"正气泰然，三阳开泰"，光是这名字就透露出来它背后掌门人的雄心壮志。

南存辉和胡成中都开始了自己事业的新起点，两个人不可避免地有着丝丝缕缕的联系，因为两个人谁也没有改变低压电器领域的经营方向，又因为两个人在一起合作了7年，彼此都了解对方的性格，也明了对方的经营思路。"同行是冤家"，这句话用在两个人身上，那是再恰当不过了。他们在新企业的运营中，都把对方当作"冤家"，都明里暗里的较着劲，内心深处都有一种想超越对方的渴望，这其中不单单是面子问题。

当年，正泰要在柳市筹建总部大楼，刚刚选定地址，还没有破土动工，选址的消息就被德力西获取。胡成中毫不犹豫地马上出手，他以高于正泰10倍以上的价格，总价格600万元的大手笔投入，在正泰选定的地址对面买下了一块更大的土地，特意在正泰对面建了一幢更高的楼。

针对胡成中的这一做法，正泰管理层有些人很是生气，认为这是胡成中故意与正泰作对，而南存辉则对此没有任何芥蒂，他认为，有德力西在身边，可以时刻提醒自己，有竞争才有进步。于是，一条马路的两侧，正泰和德力西的办公大楼隔路相望，只要站在正泰总部的窗前，对面的德力西大楼就会映入眼帘。

正泰总部大楼竣工以后，南存辉决定建一个大规模的工业园区，几经考察后，正泰将工业园区地址选在白香镇。而德力西闻讯，又花50万元的价格买了一个广告牌，就竖在离工业园区50米的距离，如影随形，有正泰的地方，就有德力西的相关信息。

熟悉胡成中性格的人都明白，该出手时就出手的他，有这些举措并不令人意外。天生就喜欢尝试新生事物的胡成中，一直以来都是敢想敢做，他喜欢抓住身边的每一个机遇，不想轻易放过任何一个可能带来成功的机遇，他以无畏的精神状态，一直想引领德力西能超越正泰，保持他在柳市低压电器市场上"老大"的位置。

1996年以前，因为胡成中的敢想敢做，德力西一直以微弱的优势领先正泰。其LOGO经常出现在各级会议的烟灰缸和文化用品上，其广告语也威风凛凛："招招领先，德力西电器"。当时，德力西是乐清县的招牌。

自然，两个人之间的竞争，不会就此停止。南存辉也不会默默无闻，他正默默地积蓄着力量，时刻准备着反击。

南存辉是一个充满睿智的人，身上的每一个细胞都跳跃着不一般的力量，但他不会轻易出手，而是采取稳扎稳打的策略，一步一步从基础做起，慢慢地谋划着企业的发展。

1996年，是正泰的一个转折点，更是南存辉的一个转折点。1996年，正泰的销售额首次超过德力西，南存辉和胡成中散伙以后，终于也如愿的占据了"老大"的位置，并在以后多年一直占据着柳市低压电器老大的位置。

有人说，南存辉不鸣则已，一鸣惊人。南存辉自己则说，我只是做了我该做的事而已。谁是老大谁是老二，这并不重要，最重要的是，企业在向前发展，企业的发展远比个人的恩怨更重要。

南存辉的内心深处，也是想当老大的，不过，他没有急于奋进，而是一步一步慢慢引领企业向前，无形中打好了基础，为以后的发展赢得了竞争力，自然而然地让企业走在了"老大"的路上。南存辉和胡成中这一对生意上的竞争伙伴，为了发展自己的事业，采取了不同的对策，也走上了不同的发展轨迹。

以 1996 年为一个分界点，正泰和德力西的发展道路再次体现了南存辉与胡成中两人在性格和价值观方面的差异。

在多元化风潮初次来袭时，为了那份雄心壮志，更是天生的性格使然，胡成中没有任何犹豫，快速走上了多元化发展的道路。他想以此为机遇，将企业带向更美好的前方，再生资源、房地产、物流等领域，德力西都有广泛涉猎。最初，德力西也获得了一定的资本积累，但是，或许是盘子铺得太大，以至后来，竟然拖累了德力西的主业。

多元化的风潮也让南存辉"眼馋"，他也想通过多元化，壮大工厂的实力。然而，一向谨慎的他没有贸然采取推进的策略，而是采取谨慎的态度，慢慢地尝试着其他领域。当然，因为没有过多的精力，这些尝试最终以失败告终。在交了几百万元学费后，南存辉也明白了一个道理，他果断收手，而且给自己和正泰定下一个规则：不熟悉的不做；没有优势的不做；行业跨度太大的不做。自此，他全身心在低压电器领域里打拼，专注，成为南存辉最大的优势和长处。

正泰的发展势头让胡成中多少有些郁闷，看着曾经的合伙人南存辉，将自己的企业越做越大，他心里虽然也为曾经的兄弟祝福着，但一想到两个人经营求精开关厂时所署的"厂长"头衔，再看看现在意气风发的南存辉，胡成中的心里也憋着一股劲，如何才能赶超正泰？胡成中从来没有放弃过谋划。但无论胡成中如何努力，德力西与正泰，似乎总是差着那么一点点的距离，正泰成为了柳市低压电器行业毫无争议的老大。

其实，如果没有正泰做比较，德力西的发展也是丝毫不逊色的。1999 年，正泰和德力西分获全国低压电器行业当时仅有的两块"中国驰名商标"，也创下了国内在同一镇、同一生产领域两个驰名商标比肩而立的先河。

并不是那么甘心，却不得已居于"老二"之位的胡成中，在多个场合表现出"不服气"的心态。无论在何种聚会上，只要是有二人同时参加的，胡成中肯定会去找南存辉拼酒，因为南存辉的酒量，是不如胡成中的。或许，在拼酒中，胡成中才能找回当"老大"的感觉，才感觉"赢"了南存辉一把。

有时，人们还是抱有好奇的心态，在私下里讨论过，如果南存辉与胡成中不分手，凭着二人的性格，今天的求精开关厂会是什么样子呢？当然，这只能是人们茶余饭后的闲聊话题而已，生活中是没有假设的。

虽然分家了，正泰和德力西仍然是脱不了关系的，因为他们是同业内最强的竞争对手，"同行是冤家"；南存辉和胡成中也是脱离不了关系的，因为他们是自小的"兄弟"。二人也时时处在神经绷紧的"斗法"中。

何谓"斗法"，本意的解释是"用法术相斗"，比喻各施计谋，明争暗斗。可以说，散伙以后，南存辉和胡成中"斗"了20多年，而且现在还在"斗"，不会停歇。"有一个德力西在正泰身边，正泰在那儿也不敢睡觉；有个正泰在德力西身边，德力西也不敢睡觉。两者在不断地比赛。"南存辉一语道出了两个人的心态。

兄弟，还是兄弟！

不管是明争，还是暗斗，两个曾经的合伙人在柳市的低压电器领域上演着你争我夺你退我进的游戏。或许是为了彼此不服输的心态，或许是为了曾经"老大"位置的争夺，也或许是内心深处一种不甘于落后的竞争压力，被冠以"柳市双雄"的南存辉和胡成中，是商业界津津乐道却无法言透的话题。

从1991年企业分裂至今，20多年里，发生在两个人之间的故事并不是一串屈指可数的数字，大的，小的，明里，暗里，基本上以"斗法"为主线。这样的事情发生多了，让人误以为他们是"敌人"，而实际上，他们的关系确实有些特殊，是朋友，也是敌人；是对手，也是兄弟。外人说不清，看不透，也道不明。

2006年12月末的一天晚上，位于温州乐清的柳市镇，一场隆重的庆功宴拉开了序幕。宴会的主角，是德力西集团董事局主席胡成中；宴会的主题，是德力西集团与世界500强企业施耐德公司签署合资框架协议，双方等额出资设立"德力西电气有限公司"。在庆功宴上，这次合作的促成人胡成中，又引吭高歌了他最喜欢的那首歌《狼爱上羊》。"狼爱上羊啊，爱的风光，他们穿破世俗的城墙。狼爱上羊啊，爱的疯狂，他们相互搀扶去远方。"声嘶力竭的声音传出去很远，也许是因为太兴奋，胡成中这一晚上有些陶醉。不过，现场有人却在胡成中的声音中品出了嘶哑的意味，说不清是高兴，还是疲累所致。

《狼爱上羊》这首歌，一直是胡成中情有独钟的，在不同的场合，只要他出手，基本上都唱这一首歌，但是，这次宴会上再唱这首歌，已经被人们赋予了其他的味道。原因当然是德力西和施耐德的合资。

施耐德，世界 500 强企业，是全球低压电器领域的领袖。

德力西，中国 500 强企业。合资前，德力西集团的电气产品已经占领了中国低压电气市场近五分之二的份额，更因其产品连续被神五、神六、神七飞船采用，而获得了市场的一致认可。紧跟中国低压电器老大正泰集团其后，是没有任何争议的"老二"。

但是，正当德力西蒸蒸日上如日中天之时，创始人、董事长胡成中却做出了一个备受争议的决定：与施耐德合资。

对于胡成中的这一举动，业界一片哗然。

没有人能猜透胡成中在想些什么，背地里也有人猜测说，这是胡成中在与南存辉斗气。因为两个人之间已经争斗了那么多年，而无论德力西怎么努力，却始终与正泰差那么一点点。施耐德一直钟情于同正泰合作，已经谈了 10 多年，无奈南存辉一直坚持自己的合作原则，始终坚持品牌的主导权和控制权不松口，所以，施耐德才转而寻找南存辉的"对头"德力西。而德力西与施耐德合作，则是胡成中的孤注一掷。一方面，可以借此打击南存辉；另一方面，希望能以此为时机，让企业更快发展，赶超正泰。或许，与施耐德的合资，正是胡成中的一次尝试。

当然，这些说法也只是人们的猜测而已。没有人知道胡成中内心究竟是怎么想的，而对于新闻媒体提出采访他的请求，也被他以"时机不到"婉拒了。但是，业界并不缺少议论与批判之声，"施耐德德力西合资案"引发了又一轮对"外资并购"的质疑声，对于这两个企业的合资，也被称之为"狼羊之间的游戏"。施耐德是没有任何疑义的"狼"，而德力西则是一只柔弱的"羊"。

狼会爱上羊么？狼爱上羊是不符合逻辑的，狼只是想吞掉羊，它怎么会爱上羊呢？我们知道，在动物界，狼和羊可以算得上是对立的物种，自古以来，狼一直垂涎的对象就是羊，想的是如何能吞其入口。狼爱上羊，是为了吃到近在嘴边的肉，这是一个比较容易理解的问题。

可是，羊为什么会爱上狼呢？羊难道甘愿成为狼的口中之食么？

德力西和施耐德的合资方案公布以后，人们就开始激烈争论，争论的焦点集中在德力西与施耐德的合资上，人们说胡成中是"引狼入室"。在业界人士看来，施耐德和德力西相比，施耐德是头凶猛成熟的狼，而德力西只是一只温弱成长的羊。与施耐德电气合资，无疑是与狼共舞，弄不好就是把羊送入狼口。他们所担心的，是"外资并购"的问题，是中国企业与外来资本之间的关系问题。

人们的争论也并非没有道理，因为在与德力西合资之前，施耐德已经兼并了多家中国低压电器企业，此次进入柳市，自然引发了一些人士对外资企业可能对低压电器行业进行垄断的担忧。

所以，业界人士义愤填膺，甚而群起而抨击胡成中的这一举动，很多人更是将他提到"历史的罪人"的角度，将他与历史上引清军入关的吴三桂作对比，直呼其是"卖国贼"。

当然，胡成中与吴三桂是没有可比性的，吴三桂是"英雄一怒，冲冠为红颜"，引清军入关的行为是确确实实的"卖国"。而胡成中，只是选择了与外资合作的道路，是为了企业的发展，本来是无可厚非的。只是当时，一些电器企业也有自己的私心，他们害怕柳市"老二"与施耐德合资，会改变低压电器市场的格局，损害自身的利益。

按照人们惯常的逻辑，此时的南存辉应该站出来，在他们的潜意识中，似乎南存辉应该会对胡成中有更多微辞，毕竟，施耐德最初最想合作的伙伴是正泰，它是与正泰"斗争"了10多年的"敌人"。因为主导权没有谈成功，施耐德代表曾对南存辉说过，施耐德如果与正泰不能成为朋友，那就是敌人。如今，这个视正泰为"敌人"的施耐德转战到南存辉曾经的对手那里，二者联合，肯定会对正泰以后的发展产生不利的影响。为了自身的利益，南存辉更应当站出来。

很多人都记得，就在施耐德因信心消磨殆尽转而寻求与德力西合作时，南存辉就曾表现出义愤填膺的情怀，甚至公开召集媒体称胡成中"损人不利已"，在多个场合以正泰与施耐德10多年交手经历为例，提醒胡成中要警惕施耐德，"看清施耐德的本质"。

现在，业界对胡成中的批判声音此起彼伏，南存辉完全可以振臂高呼，他应当是最有发言权抨击胡成中这种行为的人。尽管合资已成事实，抨击已不能挽回什么，但这种声音，起码可以让胡成中添"堵"，让他产生巨大的心理压力，让业内人士都远离他。

就在众人抱着各种各样的心态开始强烈抨击胡成中的时候，就在一些人抱着看热闹的心态希望南存辉能与胡成中互相对抗的时候，南存辉真的站出来了，不过，他的做法和言行却再次让众人跌破了眼镜。他并没有如众人所期望的那样，去抨击胡成中。反而多次在公开场合为胡成中"平反"："胡成中不是吴三桂，更不是卖国贼。"他纠正人们的说辞。

这一做法，恰恰反映出了南存辉的智慧和气度，他以有容乃大的气度粉碎了别人的预想，总是那么的"不走寻常路"。

在南存辉的心里，既然合资已成事实，再反对再抨击也无济于事，胡成中已经面临一些非议，自己更不能在此时"落井下石"。

而对于人们质疑的胡成中的行为，南存辉解释说，"开放引资是国策，引进国外的公司，向他们学习技术、管理是好的。"

在南存辉看来，有些人把企业当产品，当作资本去运作，这是价值观问题，无可非议。在他的眼中，胡成中的行为并非是不可理解的，做企业久了，谁都会陷入心理疲倦期，这个时候，迫切需要来自外界的动力，或者说是需要注入新鲜的血液，给企业带来一定的活力。所以，胡成中选择引进外资，本意也是为企业的发展注入活力，这是无可非议的。而正泰拒绝施耐德的并购，也并非是拒绝外资，只是道不同不相为谋而已。正泰，不是也已经与美国通用公司合作了么。

同时，南存辉也明白，从另一个角度说，外资企业的全面进入，肯定会冲击柳市的电器行业，也会给柳市电器企业带来一定的压力，而正泰，毫无疑问首当其冲。但是，换一个角度想，压力也并非一无是处，企业要想发展，是不可能拒绝压力的，有压力才有动力，压力同样能为企业的发展带来新的契机。正泰不能做温水里被煮的青蛙，而是要迎接各种挑战和压力。

　　或许是南存辉的挺身而出让胡成中内心深处多少有些感激，也或许是二人一直珍惜着曾经那份兄弟之间的情义。同处在一个镇上，同处在同一个领域，虽然两人之间也有尔虞我诈、你死我活的惨烈厮杀场面，但到了关键时刻，两个人谁也没有忘记曾经的兄弟情义。

　　也有人说，南存辉虽然与胡成中是竞争对手，但在私下里，二人的交往关系还是不错的。2008年，南存辉的父亲去世的时候，胡成中放弃忙乱的工作，在现场守了两天两夜的灵，以告慰好友父亲的在天之灵。

　　无论众人如何评说，一个事实是：与施耐德合作之后，德力西大幅提升了综合实力，而正泰，则只能将神经绷得更紧。

　　在胡成中与南存辉的不断"斗法"中，两个企业都有了不同程度的成长。南存辉说，两个人在不断地竞争，两个企业在不断的比赛，彼此视对方为强大的敌人，有对方在身边，谁也不敢熟睡，就怕一觉醒来，已被对方远远甩开一大截。

　　有竞争，却不落井下石；有合作，却并不互依互靠，这就是南存辉和胡成中，这就是兄弟。

第四章
融资上路，正泰稳步崛起

混战中奇招"破"市

时间又走过了 23 个轮回，当年求精开关厂分裂时还没有迈进而立之年的南存辉，现在已经打造了一个强大的商业帝国。2014 年夏季的一天清晨，几乎每天都来"报道"的红日，又从东方露出了一个小脑袋，睁着那好奇的眼睛，仔细打量着这片土地。虽然，整个城市还笼罩在一片氤氲中，但习惯于早起的人们已经开始三三两两活跃在街头早市。在正泰总部的大楼顶上，南存辉正凭栏远眺，马路对面，高高耸立的德力西大楼映入他的眼帘，日光照射到楼顶，再反射过来，正泰大楼的玻璃窗也开始闪闪发光。

对"大忙人"南存辉来说，他好像已经很久没有这样放空自己的思绪了，忙中偷闲的他俯瞰着自己耕耘了 30 年的商业沃土，也算是颇为难得的抒情时刻。往事如放电影一般，一个片断、一个片断，在他记忆中重现。

13 岁开始就在柳市街头摆摊修鞋的日子，虽然艰苦却教会了他很多道理；第一桶金只赚到 35 元的初次创业，让他领悟了坚持与坚守；与合伙人合作 7 年却以分手划上了句号，又给了他再次出发的机会和勇气。如今，他已经是人们公认的"低压电器大王"。但是，这其中，所付出的艰辛，所遇到的困难，并非是外人所能想象、所能感知的。

1991 年，求精开关厂分裂的时候，也正是国家鼓励引进外资的时候，并制定了很多鼓励外资和华侨资本直接投资的政策。南存辉看到了国家政策的导向，就产生了成立一个中外合资企业的想法。正巧，他有一个远在美国的亲戚，也来大陆寻求投资方向。于是，南存辉争取到了这个亲戚的投资，从求精开关厂分离出来的当年，即挂牌成立了"中美合资温州正泰电器有限公司"。

怀着满腔的热情，抱着要开创一份事业的雄心，南存辉将全部的精力都投入到正泰的运营中。只是，他没有想到，他已经陷入了一场更大的行业纷争的混战中。

熟悉中国低压电器行业的人都不会忘记，1991 年，在正泰刚刚起家时，这个行业也正处在硝烟弥漫之中，充满了未知的变数。

当时，柳市的低压电器厂已经遍地开花，整个柳市生产的低压电器占到全国市场份额的一半以上。但是，企业多，竞争就激烈，大家都在蚕食着有限的市场空间和利润，进行着没有秩序的竞争。而这种没有秩序的竞争导致了市场的混乱，在混乱的市场中，人们轻而易举的成为了金钱和利润的"俘虏"。

正泰建厂之时，虽然柳市的电器行业几经整顿，但因为当地的小企业非常多，经常是整顿过后又"死灰复燃"。企业间无序竞争的现象非常严重，有的企业使用的原材料质量低下，导致产品使用寿命大大缩短；有的企业把大工厂已经淘汰的废旧电器买来，稍加修整，以旧充新；有的企业冒充名牌等等。质量好的与质量差的混在一起，生产经营仍然一片混乱。

很多从事低压电器生产和销售的人认为，国家整顿只是一阵风，风头紧了，手就收一收，风声过后，再我行我素，反正是上有政策、下有对策，如果没有做假，在这竞争压力这么大的有限的市场，怎么能挣到钱呢？

在一些人看来，正泰的到来无疑扰乱了他们的"财路"。正泰刚一成立，南存辉就继续沿用求精开关厂时的那套招法，即狠抓产品质量。他要求员工：必须以产品质量为生命线，在这一点上，绝对不能马虎。在他看来，真的假不了，假的也不能成真，靠弄虚作假只能逞一时"威风"，而唯有质量过硬，才是企业发展的永恒追求。

中国有一句古话叫枪打出头鸟。本意是说做人不要太张扬，否则容易招致众人非议，更有甚者，还会招致意想不到的横祸。

南存辉并没有张扬，他也并非是一个张扬之人，但是，他和他的正泰，却被当作了"出头鸟"。原因是，南存辉和正泰太出众了，所以，大家就得挑挑你的毛病，打击打击你。同行是冤家，正泰发展之初的遭遇，再次验证了这一道理。

正泰刚刚成立那两年，因为狠抓产品质量，产值从几十万元上升至几百万元，再跃升至上千万元时，马上招致了同行的妒嫉。于是，同行开始使出各种手段，来破坏正泰的正常生产，来打击南存辉的信心。

首先，是搬弄是非。正泰不是"出众"么，那我就挑事，我诽谤你，无中生有编排你，即使压不垮你，也要让你闹心，至少能从气势上压一压你。所以，当时，关于正泰的负面消息满天飞，说什么正泰资不抵债，说什么正泰要破产，说什么正泰的产品不可信等等。

其次，是闹事，写告状信。搬弄是非不行，我就匿名告你，让上级来调查你，就不信你能一点问题都没有，一点问题都查不出来。

最后，是恐吓。恐吓的手段有多种，南存辉收到过恐吓信，接到过恐吓电话，甚至于有一天早晨，竟然在自家门口发现已经用过的枪管……

只要能想到的手段，竞争对手都用上了，一时之间，南存辉被置在风口浪尖。他能挺过去么？朋友们都替他捏了一把汗。

让南存辉的对手们郁闷的是，他们选错了打击的对象。这些打击手段不仅没有让南存辉退缩，反而让他更加奋进，更加出色。这个外表温文儒雅的人，内心居然如此的强大。

对于来自外界的压力和"战争"，南存辉不怕，他坦然的接受。在他心里，人不犯我，我不犯人，人若犯我，我必迎战。当然，他的迎战不是针锋相对你一刀我一剑的对打，而是另一种更强大的武器——坚持，坚守，做自己该做的事。他一直坚信，只要自身正，就不怕影子斜。

当对手把时间和精力都用在对南存辉进行诋毁之时，南存辉却把时间和精力都用到了工厂发展前景的谋划上，他一头扎进工厂的经营和管理中，外界的混乱不仅没有压倒他，反而让他越战越勇。他换了一个角度看这种竞争，正因为外界的诋毁，才证明了自己的能力和实力，同行们是"怕"，怕正泰崛起，所以，自己要付出更多心力，只要正泰崛起了，一切谣言最终会不攻自破。

不仅是来自柳市的同行业的恶性竞争给了他压力，来自外部市场的压力也大得让人难以想象。在当时，温州人及温州产品是"假冒伪劣"的代名词在市场上的影响还没有完全消散，人们见到温州人和温州产品，就像见到瘟疫一样，唯恐避之而不及。正泰的产品同样没能免除这种厄运。

正泰工厂刚上马时，就有人建议南存辉，或者沿用求精原来的牌子，或者是走贴牌生产的路子，以逃避"温州假冒伪劣"带来的影响。没想到，这个建议被南存辉一口回绝了，而且很干脆：不行。

有人质疑南存辉：做企业，不就是为了赚钱么，有现成的市场和牌子，你为什么不能拿来用呢？何苦要自己冒险去开创一个新的品牌呢？

南存辉何尝不知道，打造自己的品牌，付出的艰辛及困难，远比贴牌要高出许多倍。他心里也明白，贴牌生产可以顺利打开市场，也可以逃离假冒伪劣商品带来的影响。但这样做，虽然是走了捷径，但品牌却是别人的，不归自己所有。说得通俗一点，只是给他人做"嫁衣"，自己永无出头之日。这不是他的目的，他要打造自己的品牌，哪怕这个过程再艰难。

为了在混战中突出重围，占有市场，南存辉再次发挥了他的聪明才智，他又想到了"借"。不过与当时求精开关厂的"借"不同的是，这次不再是"借入"，而是"借出"。

南存辉的想法是：既然客户对正泰的产品没有信心，那我就不收钱，先借给你用。用得不好，我再改进。用得好了，再付给我钱。

对于正泰的这一举措，同行业很多人抱着"看热闹"的心态，他们觉得南存辉这一做法多少有些冒险，哪有把自己的产品送出去不收钱的道理？万一收不回来成本怎么办？这样做，会不会是剑走偏锋孤注一掷呢？

实际上，这种尝试，是因为他对自己的产品有信心，是建立在他的信心及合格产品的基础上，所以，同行的议论没有打消他的积极性，反而让他更有信心。在他的经营观念里，不墨守成规，敢于尝试，未必不是一件好事，也许会有意想不到的收获。

事实再次如南存辉所愿，先借出产品试用，客户认可后再收钱的营销方式，开创了企业销售产品的先河，产品一经推出，客户反映非常强烈。大家抱着试试看的心态，开始试用正泰的产品，一段时间过后，大家发现，正泰的产品安全性能高，质量稳定，用着放心，市场反馈好评如潮。

通过这种方式，正泰的产品进入了市场，随着人们对正泰品牌认知度的不断提高，正泰产品开始供不应求。而正是靠着过硬的产品质量，靠着与众不同的营销方式，正泰在混战中突出了重围，迅速的占领了低压电器市场，产品的销售也迎来了"开门红"。

"正道泰然"，品牌崛起之路

正泰成立之初，面对混乱的市场竞争，面对温州假冒伪劣产品在全国造成的恶劣影响，南存辉没有选择便捷的贴牌生产的路子，而是选择了开创自己的品牌。对一个企业来说，一个响亮的名称和一个响当当的品牌，是最重要的无形资源，能带给企业无形的效益。

一定程度上，企业命名也体现了企业创办者的雄心壮志，体现了企业发展的理念。新企业的命名，南存辉颇费了一番心思。

在与胡成中合作时，企业命名"求精"，是希望它能"精益求精"。而现在，用什么来命名自己的企业，让它反映出企业的理念和追求呢？南存辉一直在思索着。看着昔日的合作伙伴、今日的对手胡成中，将新开办的企业命名为"德力西"，希望"赶超德国的西门子"。南存辉想，自己在这方面也不能落后，必须有一个切实反映自己企业追求的名字。朋友也帮他出谋划策，名字提了一个又一个，最后都被南存辉否掉了，他总觉得不是很合适，达不到自己的要求。

正在他冥思苦想之际，一个偶然的机会，让他茅塞顿开。

机会来源于一张发票。他在整理办公桌时，发现以前求精开关厂从香港购买设备时对方出具的一张发票，虽然已经皱皱的，甚至还有些破损，但还没被扔掉。立刻，他的眼光就发亮了，发票上商店的名称吸引了他——"丰泰"。南存辉认为，这个"泰"字非常好，意蕴平安、安定、美好，可以为自己所用。他进而想到，处事要泰然，而做人，也要正直，于是，正泰这一名称应运而生。南存辉的寓意很明显：做人，要正；做事，要正；做企业，更要正。唯有正气，唯有正道，才能产生安定，产生美好，才能让企业稳如泰山。这是自己一贯的追求，也是自己做企业的理念。

1991 年 9 月，寄托着南存辉无限希冀和美好愿望的"中美合资温州正泰电器有限公司"正式挂牌了。一定程度上说，这个企业，倾注了南存辉的无限心血。当时，即将步入而立之年的他，在某种程度上，将正泰这个企业当作一个"赌注"，一种承载自己能力、自己理想的赌注，一种实现自己愿望的赌注。

企业刚刚成立，南存辉就抓住了机遇，他充分利用国家对合资企业出台的一系列优惠政策，引进国外先进的技术和设备，不断将企业发展壮大。同时，将电器专业化作为企业发展的方向，狠抓产品的质量。虽然面临着同行的恶性竞争与打击，但他硬是凭着耐力与坚韧，在混战中杀出了一条血路。

两年后，正泰在柳市拥有了自己的第一座办公大楼。新楼落成之际，南存辉从一楼逐层走起，一直走到楼的顶端，看着这宽敞、明亮的大楼，一种使命感油然而生。站在楼的顶端，他望着马路对面同样刚刚完工高高耸立的德力西大楼，欲比高下的两栋大楼让他的内心蠢蠢欲动，一股昂扬的雄心壮志油然而升。

南存辉说，正泰虽然是一个民营企业，但他身上也肩负着一定的责任。此时，"重塑温州电器新形象"的口号成了他的奋斗目标，也成了正泰的发展动力。南存辉说，自己的目标，不仅要让正泰在柳市、在温州立足，更要在全国、在全世界都拥有一席之地。同时，正泰也要改变市场对温州电器、对温州产品的负面印象。

1994 年 2 月，南存辉联合了多家企业，组建了正泰集团，这是温州地区低压电器行业的第一家企业集团，它的成立，对柳市低压电器来说，具有非凡的意义，对于正泰来说，标志着它又迈出一大步。

1994 年 6 月，南存辉又出大手笔，在北京建立了第一家销售公司，开始探索在全国建立自己的营销渠道。

南存辉要求北京销售公司的负责人，在全国设立 20 个营销网点，这些营销网点要挂上"正泰"的牌子，销售正泰的产品，而且要统一形象，统一标识。为了调动积极性，南存辉采取"赊购"策略，每个营销网点先给"赊购"20 万元的产品，产品卖出后，再来结账交钱。

这一做法，是不是有些似曾相识？是的。求精开关厂初始建立之时，南存辉就是用这个办法，缓解了资金的压力，所不同的是，当时南存辉是缺少资金，赊购别人的产品，而现在，则是把自己的产品赊购给别人。

这一举措可行么？销售公司的负责人也拿不准，心里没底，负责人对南存辉说：万一垫出去的钱收不回来怎么办？这可是400万啊，不是一笔小数目。要是打了水漂，损失可就大了。

对于负责人的疑问，南存辉不是没有考虑过，但他想到了自己当初的做法，自己能赊购别人的产品，卖出后再交钱，为什么就不能把产品赊购给别人，卖出后再收钱呢？当时，正泰产品不是也通过试用的方式，进入的市场么。所以，这一方式是可行的。他管这一做法叫"投石问路"。有成效，就可以继续做下去，没成效，就停止，400万元就当交了学费。这个赌注，值！于是，他告诉销售公司的负责人：你就放开手去干吧，一切都没有问题。

就在南存辉布局销售网点时，同行业人士也纷纷出手，想用价格战来包围他、纠缠他，某一城市的营销网点刚刚设立，马上就有同行业出手，把价格压低到成本以下，他们的用意很明显：打价格战，让正泰受挫。

对手再一次错估了南存辉。经历过大风大浪的南存辉，还怕这点小伎俩么？面对同行业的竞争与打击，他没有采取以眼还眼以牙还牙的举措，也没有降低产品的价格打价格战；相反，对手都在降价，他却在现有基础上提价5%，在人们不理解的惊呼声中，正泰的产品销售量不降反升，并曾一度引发了抢购潮。这一情况在外人意料之外却在南存辉意料之中，南存辉笑了，事实再一次证明，他又成功开创了一种新的营销模式。

南存辉说，一分钱一分货，只要产品质量好，就不怕竞争。如今，正泰在全国各地的销售网点达到了3000多家。

在做企业的进程中，发展的困境与机遇总是伴随着诱惑同期而至。全国的房地产热潮兴起的时候，南存辉身边的很多企业家都看中了房地产业这块"肥肉"，开始大举进军房地产业，期待在这里分一杯羹。当时，这个行业投入大，但来钱也快，最开始投资的人都在这里赚到了大把大把的钞票。于是，更多的人开始前赴后继进入到这个领域。而南存辉则不为所动，每天依然在他的低压电器领域忙碌着。

有人劝南存辉，把眼光转一转，没必要死守着"低压电器"的领域，在那里去拼死拼活的竞争。"树挪死，人挪活"，投资房地产这种赚大钱的行业，不比你生产一个一个的电器配件好上百倍、千倍？

就在众口烁金想让他投资房地产之时，南存辉真的拿出了450万元，不过，这450万元并不是用来投资房地产，而是用它建了一座低压电器检测站，这座检测站拥有当时最先进的设备，规模列全国第三。对于此举，人们评价他：这个人，唉，太过保守，有钱不赚。而对于众人的说词，南存辉却表现出了自己的"死心眼"，不为所动。

事实再次证明了南存辉的眼光。当房地产投资的热潮逐渐退去，赚钱的行业变成了烧钱的行业，很多投资者开始被房地产行业拖累，大家纷纷呼吁"被套牢"的时候，南存辉投入450万元建立的低压电器检测站，却开始发挥效用了，正泰产品因为它被列为二十多个省的免检产品。这时，人们对南存辉原来"太过保守"的批评，开始转变成了由衷的钦佩。人们心里不禁感叹：看看人家，真有眼光，固定资产投入虽然回报慢，但是人家的回报是持久的，而且是长远的。

南存辉让人钦佩之处，他的眼光独到之处，远不是一两件事就能说清的。可以说，正泰的每一步发展，每一个关键时刻的选择，都与南存辉的战略和决策息息相关。在正泰员工的眼中，他们的董事长南存辉是那么的有魅力、有胆识、有思想，经常"不走寻常路"，却带着他们跨越了一道又一道的障碍。

有人说，南存辉这个企业的名字起得好，正泰，看着就大气，大度，人如其名，企业也如其名。所以，当正泰成为柳市低压电器一面旗帜的时候，人们开始纷纷效仿正泰的命名，一时之间，"泰"满柳市天下。但是，谁也没有正泰那样独立，飞扬。

关于正泰的英文商标"CHINT"，外人也给予了多种注解。

第一种注解，可以理解为"China's Tomorrow"，意为"中国的明天"，"CHN"指中国，"T"是Tomorrow（明天）的缩写。

第二种注解，也含有"China's International Trade"，即"中国国际品牌"之意，"CHN"是中国的缩写，"INT"是国际的缩写。

第三种注解，是"正泰"的谐音。其中文含义源自中国传统文化理念："泰然形象，源于正直品格"。

第四种注解，是有人从中发现了不一样的地方，认为只要把其字母顺序给重新排列一下，就可以看出来，"I"、"N"、"C"、"H"、"T"，表达意思是："我＋南存辉＋企业界巨头"。

而对于后一种注解，南存辉没有承认，也没有否认。他说，外界如何评判不重要，重要的是，自己的名字和一生全部捆在这个品牌上了。

巨鳄挑战，正泰绝不退缩

重视质量，打造自己的品牌，是他前进的方向，而他也真的做到了，正道泰然，稳定前行。南存辉和他的正泰，在前进的路上稳稳地走着。

作为一个商人，一个企业家，南存辉在商场上打拼厮杀着。商场如战场，这句被人们反复言说的并非定理的"定理"，用在南存辉的身上，同样适用。

商场如战场，但在某种程度上说，商场比战场更可怕。战场，是一场明刀明枪的对战，彼此一目了然，你能看见我，我也能看见你，没有隐藏的对手。至于最后谁能获胜，靠的完全是个人的本事。而商场，可以说是一场看不见摸不着的，而又时时刻刻充满血雨腥风的暗战。在商场上，你的对手可能在明处，也可能在暗处，有时候，你甚至不知道谁是敌人，即使表面上正对着你笑靥如花的人，也有可能正在心底算计着你。你的对手采取何种招术，使用何种招式，你看不见，也摸不着。所以，人们常用"明枪易躲，暗箭难防"来形容商场的对战。

世人普遍存在一种心理，那就是羡慕或是嫉妒成功者，正泰逐步发展壮大了，眼红之人也越来越多。一些同行业开始打击南存辉和正泰，希望将他消灭在萌芽状态，大家都有一种私心："以免日后威胁到自己。"

南存辉，已经在商场上厮杀了多年，躲过了多少明枪暗箭，他自己也已经记不清了。对于商场上的暗战，南存辉已经如家常便饭般习惯了，创业多年，他早已学会了见招拆招，学会了坦然应对，学会了淡然处之。

南存辉说，商场上，你争我夺是不可避免的，也是每天都在上演的游戏，无可厚非，只要你有谋略，有能力，你的对手自然无法打倒你。既然你无法让别人弱小，那就尽量让自己强大。越来越强大的南存辉以无所畏惧的勇气克服了一个又一个困难，将正泰在低压电器领域做得风生水起。而这时，真正的挑战终于来了。

这个挑战，不是来自曾经的合伙人胡成中，不是来自柳市的企业，也不是来自国内其他的大企业。正泰的发展，引来了电气行业的国际巨头——施耐德。而且，人家施耐德最初并不是抱着对战的目的来的，人家是想合作，想控股正泰，但合作不成，双方便开始对战。

施耐德，全称为施耐德电气有限公司，1836 年由施耐德兄弟建立，是法国的工业先锋之一，世界 500 强企业，全球顶级电工企业。它的总部位于法国吕埃。最开始，它从事的是钢铁工业、重型机械工业、轮船建造业，到 20 世纪初时，它又涉足电力与自动化管理业，被称为全球能效管理领域的领导者。它以电气行业全球霸主为目标，倾尽全力在全球范围内寻找、并购拥有相关知识产权的企业。自然，中国市场也不能被忽视。

中国实行改革开放后，施耐德迅速进入中国，通过合资、并购等方式，将上海机床电器厂、上海人民电器厂等 17 家国有企业纳入自己旗下，抢占了大部分中国电器市场。

跨国公司都具有敏锐的市场意识，在合资、并购中国国有企业的同时，它并没有忽视正在崛起的民营企业，在号称中国低压电器之都的柳市，低压电器企业林林总总，施耐德没有放过这里。

也许是施耐德的目光太毒辣，它似乎瞄见了正泰不可估量的成长力；也许是正泰的成长太惹眼，施耐德将目光瞄准了正泰，希望通过与正泰的合作进入柳市的电器行业。

不知道要用什么词来形容南存辉的感受，他是应当感到庆幸，还是应当感到无奈呢？施耐德是世界 500 强企业，是跨国巨头，而正泰呢，只是一个刚刚兴起的民营企业，只是暂时在柳市打响了名头，刚刚走向国内市场，还没有进入到中国企业"强"的阵营。能得到跨国公司的青睐，对于一个刚起步的民营企业来说，是不是应当有些诚惶诚恐呢？

事情的起源要从 1994 年说起，当时，施耐德公司派人来到柳市，见到南存辉，表达了想参观正泰工厂的诉求。对于这一要求，南存辉多少有些"受宠若惊"，在他看来，一个国际著名的公司，来参观自己的工厂，似乎有些不可思议，但他还是毫不犹豫地答应了。

对于施耐德派代表来参观一事，南存辉极为重视，他在公司都召开了动员会，要求全体人员以一种昂扬向上的精神面貌来对待这件事，要细心安排，精心接待，步步到位。

施耐德代表参观的那一天，正泰上上下下都是一派喜气洋洋，接待场面热烈而隆重。

说实话，南存辉的心里也有自己的算盘，他希望施耐德代表的参观能给他带来双赢的局面：一方面，增加正泰的知名度，在对外交往时，可以说"国际电气巨头施耐德到厂参观"；另一方面，也是最主要的方面，他希望能得到"大公司"的指导，以利于正泰向

"前辈"学习先进的经验，助力自己的发展。

在南存辉等正泰领导的陪同下，来厂参观的施耐德公司的代表仔仔细细的参观了正泰工厂的每一个角落，关注了每一个细节。参观完毕，此代表还向南存辉索要了正泰生产的一个元器件，说是留作纪念。

送走施耐德的代表后，南存辉非常兴奋，尽管施耐德的代表并没有同他交流企业的经营问题。但他觉得，施耐德代表的到来就是对自己和正泰的一种肯定，正泰有了这么大的影响力，这是全体员工奋斗的结果。那一晚，他兴奋得浑身的细胞都散发出旺盛的活力。

人算不如天算，他没料到的是，现实给了他一个措手不及。参观过后的第二天，施耐德公司的代表又找到南存辉，当然，这次不是来参观，也不是来指导，而是通牒："你这个产品做的跟我太像了。"施耐德公司称已经持有该产品的外观专利，正泰这么做，是侵犯了施耐德的"知识产权"。

南存辉傻眼了，甚至于还没有弄明白是怎么回事。昨天还是欢天喜地来参观的贵宾，刚刚当作"皇上"一般接待完，今天居然就成为了"敌人"，是太善变，还是早有预谋？

现实已经容不得南存辉去细想其中的道理，去探究其中的原由，面对施耐德的"挑战"，他不得不"应战"。

当然，他也不会预料到，这一"挑战"，一"应战"，他与施耐德之间竟上演了十几年的恩怨纠葛。

就在南存辉准备应战的时候，施耐德又抛出了一个条件：与正泰合作，施耐德控股80%，这样，正泰的行为就变成了合理合法的行为，不存在侵权的问题。

对于施耐德的这一提法，南存辉表示不能接受。如果让施耐德控股 80％，无异于卖了企业。这不是他的目的。

南存辉的拒绝让施耐德的态度很强硬：不同意收购，我就起诉！

施耐德的强硬让南存辉也犯倔了：起诉就起诉，你告吧，你告我，我就接着，但想让我低头，让我屈服，绝对不可能！

"商业是一场总是可以被量化的智力游戏，商业是一场有节制的游戏。所有的天意或宿命，其实都是企业家性格的投射。"知名财经作家吴晓波，曾经在《大败局》中强调企业家性格对企业的影响。而将这几句话套用在南存辉身上，真是再恰当不过了。这个时候，正泰的发展前景何去何从，很大程度上决定于掌门人南存辉的智慧和性格。什么天意，什么宿命，只不过是人们用来逃避责任的借口而已。

南存辉的身上，时刻散发着坚韧、执著、正义，又时刻充满着无畏与激情，正是这种性格，使他在面对跨国巨头施耐德的刁难时，不害怕，不退缩，不放弃。

南存辉说，正泰是自己辛苦孕育的"孩子"，天下哪有父母放弃孩子自己去享受幸福的道理，所以，自己要保护好它，让它一代一代延续下去。无论面对怎样的诱惑，经历怎样的困境，自己必须用尽全部心力去做。

施耐德恐怕也没有想到，自己的"入侵"，不仅没有让正泰倒下，反而更加激发了南存辉的斗志，让他与自己牵扯了十几年，上演了十几年"剪不断、理还乱"的恩恩怨怨。

有人如此形容过南存辉，说他"表里不一"，当然，这并不是说他当面一套背后一套的意思，也没有丝毫的贬义，这里的"表里不一"，指的是南存辉的外表和他的内心并不"搭界"。南存辉的外表温文儒雅，他的内心却并不柔软，而是如钢铁一般坚强。

也有人形容南存辉，说他是看不见招法的"武林高手"，在与对手"交战"时，人们看不见他发出的招招凌厉的攻势，似乎总是处于"守"的状态，但他一旦出手，必定一招取胜，一剑封喉，让对手没有招架之力，这才是高手的最高境界。

所以，在 2007 年度"风云浙商"的颁奖现场，主持人送给南存辉的颁奖词是："佩剑是一位骑士的尊严，曾经他手无寸铁，面对国际大鳄一次次的觊觎与刺探，他隐忍坚守；十年韬光养晦，十年卧薪尝胆，他以气血铸就自己的创新之剑；当对手再次袭来，骑士已拥有平等对决的利器，扬剑出鞘剑光闪闪，那光芒，正是民族制造的精魂。"

正泰牵手 GE

跨国巨头的"入侵"没能让南存辉害怕，而拒绝跨国巨头的并购，并不说明南存辉就是固步自封，实际上，他一直在国际化的道路上执著探索着。

2005 年的 2 月 14 日，是大年初六。对于传统的中国人来说，没出正月都是年。正月初六，是年味正浓的时候。

就在这一天，中国温州乐清柳市的正泰，举行了一场热热闹闹的开业剪彩仪式，以庆祝正泰同 GE 消费与工业产品集团合资组建的"通用正泰（温州）电器有限公司"开业，剪彩的热闹场面再加上还没有淡去的年味，给柳市这个并不大的城市增添了更加热闹的气息。

　　美国通用电气（GE）是世界最大的多元化企业，它在电气领域有着非常重要的地位，经营范围遍布全球 100 多个国家。乐清柳市的正泰，是中国低压电器行业最大的民营企业。对于正泰与通用的牵手，在这次剪彩仪式上，南存辉语气激昂的说："与通用公司的合作，是我们在国际化道路上迈出的重要一步，这必将为正泰进军国际市场，打造世界名牌，打下坚实的基础。"

　　国际化，是南存辉选择与通用合作的出发点。"国际化"这三个字，在温州，在全国，对于众多的民营企业来说，都不是一个陌生的词汇。随着改革开放的深入和经济的发展，随着更多民营企业的崛起，"国际化"已经成为一个被嚼烂的词，一些民营企业也在积极探索中，想在国际化的道路上走得更远。但也许是受地域和眼界的限制，一些看似科学合理、行之有效的思路，在行动中却有如老牛拉车只动不进。

　　在国际化方面，可以说，南存辉一直敢于走在时代的前列。国际化，是他一直在探索的企业发展方式，对此，他也有自己独到的见解。他认为，国际化不仅仅是卖产品，中国加入 WTO 之后，国际化是企业发展的必然趋势，但它不是企业发展的一条捷径，而是循序渐进的突破；它不是企业的发展目标，而是实现目标的途径。在南存辉眼中，国际化不仅是国际竞争，还可以是国际合作，是一种"双赢"关系。

　　南存辉有着深远的眼光，他一直在构筑正泰与国际接轨的支撑系统：生产基地布局国际化，技术标准国际化，营销网络国际化，商务活动信息化。

　　说起与美国通用公司的合资，正泰的管理人员心中都可圈可点。

正泰集团的 300 多名干部清楚的记得，早在 2001 年，他们的董事长南存辉就对通用"情有独钟"。那是 2001 年的 12 月 27 日，他们同时收到了南存辉发送的一封信，信的内容是要求大家读一本书，并在一个星期内看完，同时还要写出心得体会。书的名称就是《挑战极限——通用电气奇迹解密》。

实际上，这本书刚刚出版不到 4 个月的时间，但是南存辉，已经反反复复看了很多遍，他想知道，通用电气是如何创造奇迹的，他更为关心的是正泰要如何创造奇迹。

南存辉谋划着，如果能与通用合作，对正泰的发展来说，无异于如虎添翼。而当与通用有了合作的可能后，风风火火的他毫不迟疑，几次飞去美国，与通用电气首席执行官等高层见面洽谈合作事宜。

当然，与外资公司合作并非那么顺利、如愿。双方最为关心的，就是谁占主导权的问题。谁也不愿意放弃主导权，谁也不想轻易出让控制权。于是，双方经过多次谈判，反复磨合，时间持续了两年多。

终于，2004 年 9 月，注册资金为 586 万美元的通用正泰（温州）电器有限公司注册成立，合资双方以现金出资，一次性到位。其中，正泰的股份比例为 49%，通用的股份比例为 51%。

对于正泰没有控股，一些局外人心存疑惑，南存辉难道放弃了一直以来坚持的品牌自主性？将正泰的品牌拱手让人了？

外人并不了解其中的内幕，一直坚持品牌独立的南存辉，自然也不会放弃坚持多年的品牌独立之路，虽然此次没有控股，但双方推出的是联合品牌，也就是说，通用的公司再大，出资再多，它的品牌、它的商标，也覆盖不了正泰的商标。正泰依然拥有商标的独立性。

当然，双方开展合作的基础，是各取所需。南存辉看中的，是通用中高端的市场定位与正泰的发展目标不谋而合，而通用看中的，则是正泰在中国市场拥有强大的产能和出色的营销网络。在当时，通用在全球电气市场中排名第一，正泰虽然仅次于西门子、ABB 之后排名第五，但它 14 亿美元的年销售额，却只是通用电气年销售额的 1%。由此可见，双方的合作并不是"对等"的。对于此次合作，南存辉认为，通用拥有世界一流的技术和管理，这将是正泰借力国际品牌，迈上国际化道路的重要一步。

当然，对于正泰和通用的合作，让曾经意欲收购正泰的施耐德很恼火：我同你对战了这么多年，我一再降低控股比例，为什么你还是不愿意和我牵手呢？

而南存辉则认为，自己拒绝外资巨头收购，并非是盲目"排外"。他深知，在经济全球化的宏观背景下，推进与外资的合作进程是正泰发展的必由之路。只是，合资就是合资，合作就是合作，但合资也好，合作也罢，任何时候，自己的独立品牌不能丢。

在与通用谈判的过程中，有一件事让南存辉至今印象深刻。双方经过几轮谈判，有关的合作细节都已经谈妥了，南存辉也已经决定签字了，结果，通用的总裁却没有在合约上签字。他说，必须向公司的法务部门把情况详细介绍一下，如果他们许可，双方才可以签字。

面对南存辉的疑问和不解，GE 总裁解释说：在通用公司，法务部具有一票否决权。即使是总裁，也不是说要风得风要雨得雨，不是说一个人就可以做任何决定，总裁所做的决定必须经过法务部门的同意。这样做的目的，是减少企业经营的风险。

一个跨国大公司，居然对一个小项目严谨到如此程度，这让一向在企业中一言九鼎的南存辉突然对自己的企业产生了一种"不踏实的感觉"，在那一刻，他也开始了对自己及对企业的反思。

实际上，南存辉的"不踏实"刚刚开始，一系列的思想冲击接踵而至。在合资工厂的运营过程中，南存辉以为他引以为自豪的一些管理方式，比如仓库管理、产品质量等方面，都做得相对成熟了。结果合作后才明白，正泰在技术管理、财务管理、人事管理等方面，和通用相差太多了。以至于在一次正泰高层会议上，一向严谨的南存辉，竟然用了十分夸张的数字来强调双方的差距："我们跟美国通用电气相似的地方只有5%，不同的地方却达95%。"

当然，南存辉此举，意在向正泰高层说明，与跨国公司相比，与成熟的跨国公司相比，正泰需要改进的地方还有很多，正泰需要学习的还有很多。

虽然已与国际巨头牵手，但在公众场合，南存辉却并不愿意过多提起，没有人知道他心里在想些什么，但南存辉身边的人则说，他在进行反省，反省正泰的不足，他从通用那里看到的、听到的每一个细节，都会在脑子里沉淀一番，然后内化为自己的东西。

南存辉明白，正泰与通用的差距很大，但是，他并不害怕差距，重要的是要正视差距，缩小差距，南存辉又开始谋划着。正泰做事，主要靠经验，靠土办法，虽然也有规章制度约束着，但欠缺规范之处，迫切需要"在灵魂深处爆发一场革命"。

经过一段时间的酝酿，2005年9月6日，浙江正泰电器股份有限公司召开会议，正式启动"凤凰计划"。该计划以自我诊断、自我提升为主题，意在检讨公司过去早已习惯成自然的管理经验和模式。

凤凰计划，取自凤凰涅槃之意，南存辉希望正泰的每一个人，都能经历一场管理的革命，让每一个人都能进行深刻反思，然后认真总结问题。他认为，这一过程虽然痛苦，但如果没有经历，大家可能就得"等死"，有过这个经历，才有"重生"的希望。

凤凰计划启动后，南存辉经常给员工讲狮子和羚羊的故事。羚羊跑得快才能活下来，狮子跑得慢，吃不到羚羊就饿死了，这就是自然界的优胜劣汰，正泰既是羚羊，也是狮子，如果你没有别人跑得快，你就会被吃掉，只有跑得快，才能生存下去。南存辉说，每个人都要有危机感，上至领导，下至员工，必须时时刻刻存有危机感。只有每个人不停地更新自我，才会推动正泰不断创新，不断前进。

在正泰内部，凤凰计划首先进行的就是形式上的改变，以前正泰集团开会，主席台的位置从来都是领导的，而会议也是从不例外的讲成绩，很少谈不足及展望。凤凰计划启动后，南存辉规定，会议不设主席台，只有一个发言桌；内容分为工作成绩、工作缺点及未来计划，三部分占时间比相等。他希望通过形式的改变，来带动内容的变革。

除了形式上有改变之外，受通用的影响，南存辉的财务管理观念也改变了。此前，南存辉一直坚持"不欠债"的中国古老的财务理念，把银行给他的授信额度都锁进抽屉里。与通用合作后，受通用公司的影响，正泰在上海筹建了一个投资35亿元的高压及输配电产业基地，这一次，南存辉把锁在抽屉里的各银行的授信额度都拿出来用掉了。

南存辉说，正泰牵手GE，意义不仅仅在合资企业本身，最大的收获是正泰内部及管理人员有了脱胎换骨的改变。而这些改变，对正泰来说是绝对的利好消息。

正泰生命线：质量为王

和 GE 的牵手让南存辉及正泰有了很大的收获，也有了很大的改变。而探寻正泰的成功之路，外人众说纷呈。有人说，南存辉很聪明，也很精明，聪明的脑袋外加精明的决策，成就了今天的正泰；也有人说，南存辉善于整合资源，他能抓住转瞬即逝的机遇，才成就了今天的正泰。

而在南存辉看来，这些只是其中的一个方面，对于一个企业来说，除了正确的决策和抓住转瞬即逝的机遇，最主要的，还是产品的质量，产品的品牌，这才是正泰这些年持续发展的"秘密武器"。

实际上，"质量为王"是很多人都明白的道理，但在事实和现有状况下，并非所有人都能做到和坚持这一原则，所以，同样是创办企业，也就有了不同的创业结果。

在南存辉的观念中，做企业，要有底线，只有坚持底线，才有办法有可能创造无限。不管是拥有一亩三分地也好，还是拥有多大的地界也罢，一定要有底线，并在此基础上精耕细作，把自己的事情做好。正泰的底线首先是质量为上，南存辉说，只有用产品的质量去说话，才能有底气，有正气，才能立足长远。

做企业 30 年，南存辉对产品质量的要求，可以说达到了如痴如醉的程度。

自古以来，在中国历史上，能达到如痴如醉程度的，基本上都是超脱的"高人"。而在现代商业社会，以产品质量开创成功的企业家也几乎占据了商业界的"半壁江山"。比如，被众人津津乐道的海尔张瑞敏砸冰箱的故事。

故事发生在 1985 年，张瑞敏刚刚接手青岛电冰箱总厂，当时，这是一个亏损 100 多万元、一半员工想离职的破工厂。张瑞敏上任不久，就收到一封用户来信，用户在信中说，他买到的冰箱质量有问题。张瑞敏带着相关人员到仓库去查看究竟，结果这一查，让他大吃一惊：库存 400 台冰箱中，居然有 76 台不合格，不合格率竟然达到了近 20%。怎么办？张瑞敏立即召集全体员工到仓库现场开会，并提出"怎么办"的问题。

现场的员工众说纷纭，有人提议降价处理，因为这些不合格的冰箱存在的都是小问题，并不影响正常使用。也有人建议，可以当作福利低价卖给内部职工。在员工停止出谋划策后，张瑞敏给出的处理的结果则是：砸掉这批不合格的冰箱。在他看来，如果把这 76 台冰箱卖了，明天就可能生产出 760 台甚至 7600 台不合格的冰箱，让这些有缺陷的产品流通，就是没有质量意识；如果把这些冰箱当作福利低价卖给员工，那明天就可能还有 760 台冰箱不合格。冰箱被砸的时候，很多员工都流下了眼泪，当时，冰箱的市价是 800 元，相当于职工两年的收入。

而正是张瑞敏的"砸"，才砸醒了海尔人的质量意识，也才有了今天家喻户晓的海尔电器。

如同海尔的张瑞敏带领员工砸掉冰箱一样，在正泰的历史上，也有产品宁可亏损 80 万元人民币而坐飞机漂洋过海的传奇故事。

那是 1993 年末，正泰有一批产品要出口到希腊。产品已打好包装，船期也已定好，可以说万事俱备，只欠东风了。

即便如此，南存辉还是放心不下，这是第一批出口到欧洲市场的产品，重要的不是利润的高与低，而是信誉好不好，质量强不强，品牌响不响的问题。这次发货，将会有两个不同的结果：做砸了，整个欧洲市场的大门将会对正泰紧闭；做好了，正泰就能顺利入驻欧洲市场。南存辉决定再亲自过一遍这批货。

结果，这一检查，还真发现了问题——开箱的第一台，就发现产品在外观和色泽方面有些差异。

这下，一向好脾气的南存辉愤怒了，他果断地下令：这批货不能发，必须将所有产品全部开箱检查一遍，确保万无一失。

当时，这批货已装好车，就等着运往码头。看着工人们将一箱箱的产品从车上重新搬下来，负责运输的经理有些沉不住气了，他对南存辉说，如果误了船期，不能按时交货，对方会提出索赔的。外观与色泽方面的小差异，应当不算什么问题。

而南存辉则阴沉着脸，一言不发。员工都知道，对质量的要求方面，南存辉是一个鸡蛋里挑骨头的人。他认准的事，十头牛也拉不回来，没办法，在场的人只好按他的指示办，全部开箱仔细检查，一个也没有放过。

这样一折腾耗费了不少时间，当然也错过了船期。怎么办？在场的员工将目光聚焦在南存辉身上，等着他的决策。

南存辉足足思考了有 3 分钟，现场安静得针掉在地上的声音都能听得见，人们看着南存辉，想看他如何应对这次"危机"。赶船期，已经来不及了，如果不能按时到货，对方万一索赔怎么办？

"空运"。南存辉的嘴里吐出来的两个字让在场的人都大吃一惊。这样一大批机器如果空运，那得多少成本？不仅没有利润可言，还得倒赔不少钱。有人算了一下，说：如果空运这批产品，不仅不能赚钱，还得倒赔80万元运费。亏本的生意还有必要做么？人们带着这种疑问，等待着他的决断。

"什么也不要说了，马上联系空运。"南存辉对负责运输的经理下了死命令。南存辉认为，无论是赚钱还是赔钱，这批货必须如期发，必须如期到达客户的手中，这关系到正泰的信誉问题，及以后能否继续合作的问题。虽然损失了80万元，但却有可能多一个固定的客户，有了客户才可能为正泰赚回更多的80万元。做人要有长远眼光，不能被眼前的利益得失所牵拌。

终于，这批原本应当坐船的机器也坐了一次飞机，飞到了大洋彼岸客户的手中，客户接货的时候也很奇怪，他们也是第一次遇到大批量的货物采取空运的状况。而当他们弄明白了事情的原委后，对南存辉佩服得五体投地。此后，这家客户一直同正泰保持着合作关系，成为了正泰的"铁杆客户"。

可以说，南存辉一直都明白并坚持产品质量的道理，而这次质量问题过后，他更加关注产品的合格度，关注产品的质量。在经过思考之后，南存辉一个人出国了，当然，他不是去谈合作，更不是去旅行，他的目的是考察学习，他去国外著名的电器生产企业考察，学习国外企业先进的管理方式和管理流程。而通过学习比较，南存辉发现了正泰的差距，也有了应对的思路。

回来以后，南存辉着手进行改革，1994年末，正泰通过了ISO90001国际质量体系认证，随后通过了美国UL认证、国际CB安全认证、荷兰KEMA认证、比利时CEBEC认证和芬兰FI认证等。

这些认证的目的，并不仅仅是使企业多一个通向国际市场的"通行证"，南存辉的目的在于，通过认证，使员工在各个环节都尽心尽力，不断加强和提升质量及信誉观念。

南存辉说，他自己一个人有质量观念还不够，仅仅正泰的管理层有质量观念也不够，必须让质量观念深入到每一个正泰员工的心中，只有自上到下全部重视起来，产品质量才有保证。从1995年开始，正泰先于全国质量活动月，组建了自己的企业质量月，至今已坚持了整整20年。

一步一步发展，一步一步探索，这是一项长久性的工作。2002年开始，正泰开始实行质量一票否决制，用一套行之有效的质量保证体系来保证产品的品质。在正泰，有数百人的质量检测队伍，有总裁质量巡视制度，还有"董事长质量专线"。南存辉对质量检测队伍极为重视，说他们是把关员，要求他们必须严格执行质量检测制度。而对于有人提议质量检测队伍是不是过于庞大时，南存辉则说，他们是产品质量的把关员，这一环节绝对不能精减。此外，全面质量管理、卓越绩效管理、6S现场管理、QC群众性质量活动小组等，也成为贯穿正泰日常工作的重要内容。

2004年9月，正泰捧回了"全国质量管理奖"，这也是当时我国质量领域的最高荣誉，正泰也是同行业中第一家获此奖项的企业。别人让他谈一谈感想，南存辉说："我们宁可少做一个亿的产值，也不能让一只不合格的产品流向市场。"

说到不重要，重要的是做到。在坚持产品的质量方面，南存辉就是一个铁面包公，质量为王这道底线，谁都不能触碰。有一个正泰下属公司因质量不合格而停业整顿，公司经理是南存辉的亲戚，他委屈地对南存辉说："自己生产的产品，质量并不比本地同行差，为什么就没有通过工厂的内控标准呢？"南存辉则告诉亲戚，要从自己公司内部找原因，找差距，找不足。正泰的参照系不是本地同行业，而是面向全国，面向世界，正泰要创出的，是中国名牌，是世界名牌。

　　产品质量是企业的生命，正泰重视质量，不投机取巧，既赢得了合作伙伴，更赢得了客户，赢得了市场的认可。目前，正泰电器被国内多个省市列为免检产品，畅销世界30多个国家和地区。

　　也正是依靠产品过硬的质量，正泰才能在激烈的市场竞争中一直稳稳地走着，而且越走路越宽。

第五章

扬眉吐气，和跨国巨头"扳手腕"

报国信念，莫不敢忘

质量，是正泰产品的生命线，也是南存辉一贯坚持和履行的理念。企业发展经过了 30 年历程，它早已经融入了南存辉的生命中，成为他生命中不可分割的一部分。对于企业家来说，企业意味着什么呢？

有企业家曾做过这样一个比喻：做企业和养儿女是一样的。养儿女，你需要全身心的付出，做企业同样如此，只有付出全部的心血，花费全部的精力，企业才能像婴儿一样，从对这个世界的一无所知，逐渐成长起来。而越是成功的企业，越需要企业家殚精竭虑的思索与无私无畏的付出。

对于这番话，做了 30 年企业的南存辉深有感触。不只是南存辉，同企业一起成长的创始人恐怕都深有同感。企业，对企业家来说，就像是自己的儿女，已成为生命中最重要的一部分。如果哪一天，迫不得已，企业要在自己手中消失，估计他们心里流的，不仅仅是泪，更是血。

2006 年的一天，在北京的一家餐厅里，统一石化董事长霍振祥呆呆地坐在椅子上。就在此前几个小时，他与壳牌签订初步股权收购协议，"卖"掉了自己苦心经营的企业。霍振祥感到自己的心被"剜"走了，他回忆了自己的公司从 300 万销售额发展到全球第 16 大润滑油公司的历程，眼泪不受控制地流了下来。

不过，霍振祥并不是第一个从自己苦心经营多年的企业中全身而退的企业家，近些年来，企业界把企业当作产品，发展到一定程度就卖掉的例子并不罕见。比如人们熟悉的乐百氏，它的创始人何伯权花了 12 年时间，将它从一个名不见经传的地方饮料品牌培育为一个全国大牌后，将它卖给了达能。让人印象深刻的还有小护士、顺驰等的出售。尽管卖掉企业与主流观念相悖，但此类案例已比比皆是。

对于企业界存在的这种现象，南存辉认为，每个人追求的目标不一样，想要实现的理想也不一样，卖与不卖，是个人的选择问题，并不存在对错。

作为一个民营企业的创始人，在企业发展的过程中，南存辉也曾经面临过这样的选择，与个别企业家在企业如日中天时选择全身而退不同，南存辉最后选择了坚守。在他的心中，做企业是为了赚钱，但不能完全为了钱，比企业赢利更重要的东西，就是企业的发展理念。

在南存辉的办公室里，你见不到豪华的装饰，苦孩子出身的他有钱后，并没有忘"本"，他没有选择奢靡的生活，对办公室的装修，要求的是简单实用。办公室是办公的地方，不是享受的地方。在办公桌对面的墙上，悬挂着一副裱好的字，那是正泰的经营理念："争创世界名牌，实现产业报国"。他特意请人裱了这幅字，挂到自己的办公室里。南存辉说，每次只要一抬起头，就能看见它，将企业的发展理念悬挂在这里，不是冠冕堂皇的表现，而是时刻提醒自己，不要忘记自己的使命。

对于南存辉"争创世界名牌，实现产业报国"的理念，有人笑言南存辉太能"装"，他们的理由是：你又不是国家控股企业，只是一个小小的民营企业家，产业报国的事，哪能轮得到你？南存辉则说，每个人都是中国的一分子，每个人心中都可以有雄伟的志向。他不理会别人的眼光，更不在乎别人的看法。在与别人对话时，他丝毫不加掩饰，常常与人畅谈自己"产业报国"的理念，语气是那么恬淡、自然，就像父母在对自己的子女说"吃饭了"一样简单。

在产业报国这方面，近代著名的民族企业家张骞、陈嘉庚是他努力学习的榜样。他说，产业报国这个志向，并不是企业创办之初就有的，而是在企业发展过程中逐步明晰的。

同所有最初创办企业的大多数人一样，南存辉创业的目的是为了挣钱，为了摆脱当时的贫穷，为了追求更好的生活方式，初始创业的南存辉也没有跳出"投资就是为了赚钱"的条条框框。13岁修鞋是为了赚钱，16岁第一次卖电器产品也是为了赚钱，后来与朋友合伙开公司，还是为了赚钱。以致在一次电视台记者采访时，面对

"企业赚那么多钱为的是什么"的提问，南存辉竟然语塞，不知如何回答。

当然，对于不明白的问题，他不会稀里糊涂的放过。这次过后，他一直在思索这个问题，以至于在与人商谈生意时，他也会突然问出一句：你创办企业的目的是什么？

有人告诉南存辉，创业者就要实现人生价值，振兴民族工业。而南存辉很怀疑：实现人生价值可以理解，但振兴民族工业，是不是太大了点？拿正泰来说，生产一个小产品，有的才能卖五六元钱，靠这个能振兴民族工业吗？

而在实践的过程中，南存辉逐渐打消了疑虑。

1993 年 9 月，正泰的大楼落成挂牌，南存辉打出了"重塑温州电器新形象"的口号。他当时的想法很单纯，正泰刚刚成立之际，正是温州低压电器因为假冒伪劣刚刚被整顿，整个行业的形象急需重新塑造之时，他想以此来表明正泰人的雄心壮志，以此来消除柳市假冒伪劣产品带来的消极影响，树立一种健康向上的产业价值观。

随着正泰的逐步壮大，南存辉振兴民族工业、产业报国的理念也越来越明晰。

1994 年，南存辉成立正泰集团，这是他联系了多家生产规模相对弱小的企业组建的，南存辉希望大家能团结在一起，共同探索发展之路。而正泰的企业理念是"振兴民族工业，争创世界名牌"。

1998 年以后，随着正泰自身实力的不断壮大，正泰国际化步伐也越来越快，这个时候，南存辉终于明晰了自己的目标，那就是：争创世界名牌，实现产业报国。

目标确定后，南存辉就如一只上满了发条的时钟，不停地旋转着。

他将正泰的产品卖到了全球，100 多个国家和地区都有正泰的产品，而正泰也开始大步跨越，逐渐跻身全球同行业前几名。

而在这其中，南存辉也直面了外资意图收购的诱惑。

2002 年，南存辉和一家跨国公司谈判合资事宜，谈判期间，这家跨国巨头对正泰产生了浓厚的兴趣，愿意以正泰总资产 5 倍的价格收购。

5 倍？当时正泰的总资产是 20 亿元，5 倍，就是 100 多亿啊。100 多亿元，对南存辉来说，可是几辈子都赚不来的。面对这样的诱惑，南存辉也有过短暂的犹豫：毕竟，这是白花花的真金白银，100 多亿元，诱惑力着实不小。

卖，还是不卖？卖掉企业，将这些钱分给正泰的股东，够他们几代人生活了。毕竟在国内，已经有了企业家将企业卖掉的先例，卖，别人无可厚非。可是，卖掉了企业，自己的理想和理念，也就没有了实现的平台，这是自己的初衷么？南存辉就是这样一个人，面对诱惑，即使有所动摇，也能马上回归于清醒，他很快意识到，自己是来谈合作的，不是来卖企业的。于是，南存辉斩钉截铁地告诉对方：不卖。

对方以为南存辉嫌钱少，于是给出 7 倍的价格，看南存辉还不为所动，对方又抛出最后的杀手锏：用正泰总资产 10 倍的价格收购。对方的意图很明显：10 倍就是 200 亿，够你挣几辈子的了，难道你还能不为所动？可是，南存辉真的就没有"动"。他一板一眼地告诉对方："我是来谈合资的，给多少钱我都不能卖掉自己的企业！虽然正泰只是微不足道的一个民营企业，但是，只要它存在，我就有机会实现产业报国的理念。"

南存辉的果断让对方佩服得五体投地，他们说，中国多一些这样的企业，那么这个国家的发展潜力将不可估量。

事后，知道这件事情的一些员工，一些原始股东，还有南存辉的一些亲人和朋友，都在明里暗里说南存辉"傻"。他们认为，正泰总资产的 10 倍，不是一笔小数目，与其费心费力谋划企业的发展，不如卖掉，这些钱，基本上相当于"白捡的"。

南存辉认为，如果单纯从钱的角度来说，200 个亿是一个很大的数目。但是，钱不是最重要的东西，除了钱，还有更重要的。更重要的东西是什么，南存辉没有再说。但是，说他"傻"的人多了，南存辉便开始反驳：卖了企业，拿什么报国？

"卖了企业，拿什么报国？"这在南存辉的心里，才是最重要的东西。

位卑未敢忘忧国。虽然正泰只是一家民营企业，虽然它只是大浪淘沙中的一粒沙尘，但是，南存辉从来没有忘记自己的使命。

南存辉经常对股东们说，站在平地上，看自己的一亩三分地，好像很开阔，但如果你站得高一点，再看看自己的"地盘"，才发现，原来也不过如此。所以，一定要走出狭小的圈子，站得高些，不能局限于脚下的几寸土地，唯有登高望远，才能知晓，高处还有常人无法领略的风景。

其实，不只是美国这一家企业产生了收购正泰的想法。把正泰当作一块肥肉想要吞掉的，还有其他跨国企业。往前算一算，早于美国企业 8 年，就有另一家跨国巨头欲收购正泰，并且多年来一直不曾放弃。它就是世界 500 强，法资企业施耐德。

12 年隐忍，转守为攻

法资企业施耐德，想要同正泰合资，已经不是一年两年的事情了。从 1994 年开始，进入中国两年的施耐德就来到中国低压电器重镇温州柳市，寻找可以合作的伙伴。最后，在柳市上千家电器生产企业中，它相中了正在崛起的正泰，而这一选择，竟然让施耐德和正泰连续纠葛了十几年。而在这十几年中，南存辉和他的正泰成长着，成熟着，在互相交往中，南存辉也学会了攻守之道，并把它用到了极致。

攻守之道，本来是军事概念。孙子兵法中提到：行军要进可攻，所向披靡；退可守，固若金汤。攻是守之机，守是攻之策，攻守之道中，隐含着无限玄机，向来被古人所推崇。

攻守之道不仅适用于战场，在商业竞争中同样适用。商场，就是看不见硝烟的战场，真正的商场高手，不仅要在这里学会面对进攻时的防守，同时也要审时度势地转入反攻，并懂得用非常手段来破解对手的凌厉攻势。

南存辉，就是一个极懂攻守之道的人，而且把攻守之道用到了极致。南存辉和他的正泰，算得上是弱者，是一个在民营企业界初长成的低压电器厂；而他的对手施耐德，称得上是一个强者，是一个世界 500 强企业。

这两个企业如果对抗起来，实力是否太过悬殊？胜负是否早已定性？答案当然是"不"。谁说弱者就一定会输给强者？不要忘了，两军交战，勇者胜。弱者打败强者，决不是用蛮力达到的，而是用巧劲、用出其不意的妙招办到的。

以正泰和施耐德两个公司的实力对比，正泰显然处于下风，缺乏直接对抗的能力，为了生存，正泰就必须采取侧面、迂回的策略，这样才能达到目的。这就如同在战斗中，如果自己的力量强大或者与对手的力量大致相当，那自然应当先发制人，先下手为强。这也就是人们常说的"两强相遇勇者胜"，谁先动手，谁就占得主动，胜利的天平就会偏向谁。但如果自己的力量明显弱于对手，那只有避免正面冲突，先行隐忍，然后再图良策，伺机反扑，来个后发制人，一样可以取胜。

先发制人，能够抢得先机，捷足先登；但后发制人，更能出其不意，力挫强敌。显然，在与施耐德的"对战"中，南存辉把后发制人的攻守之道用到了极致。

1994 年，来到中国两年的法资企业施耐德，相中了刚刚成立不足 3 年的正泰，于是提出要以控股 80% 的条件收购正泰，而当时，刚刚确立振兴民族工业理念的南存辉果断拒绝了施耐德的要求。

1998 年，施耐德再次找到正泰，以控股 51% 的条件寻求合作，被南存辉再次拒绝。但是，施耐德并没有就此"罢休"，还在寻找着机会。

2004 年的时候，进入中国市场十几年的施耐德已经在中国建立了十几家合资工厂，发展势头越发强劲，但他们不打算放弃正泰这块"肥肉"。而这时的正泰，已经不再是那个战战兢兢如履薄冰的正泰，它的销售额度已经达到了 120 亿元。这一年，施耐德第三次找到正泰，并且尽了最大所能让步，以期能达成合作。施耐德抛给南存辉的条件是：双方股权均等，各占 50% 的股份。单从这一点上，可以看出，施耐德的条件是诱人的，已经放弃了控股的高比例，改为双方股份均等。

然而，让南存辉接受不了的是施耐德的附加条件：3 年后，正泰要完全被施耐德收购；正泰可以保留自己的品牌，但只能定位在中低端市场，不能出口；同时，合资公司的全部高层管理人员要由施耐德委任。

实际上，这已经是施耐德做的最大的让步，毕竟在中国市场上，他还没有遇到过"对手"，而偏偏"栽"在了南存辉这里。

对于这一条件，南存辉还是无法接受。他提出合作要求：各自控股 50% 没有问题，但如果双方合作，正泰必须品牌自主，销售独立，管理人员也要同等安排。

当然，南存辉和施耐德的代表谁也不愿意放弃自己的底线，这一次，双方依然没有谈拢。最后，施耐德的代表撂下一句话："施耐德如果不能同正泰成为朋友，那就是敌人。"恐怕，施耐德的老总心里也是非常郁闷的：只要是我想收购的，都是人家主动找上门来，为什么唯独你南存辉，居然能和我跨国巨头扳"手腕"呢？

施耐德说到做到，与正泰的合作没有达成共识后不久，施耐德就把目标转向了南存辉的老对手胡成中执掌的德力西集团，而南存辉在谈判中一直坚持的品牌独立、自主，被胡成中的德力西集团放弃了。施耐德的做法验证了"不是朋友就是敌人"的说法。而对于施耐德这个"敌人"，南存辉并不害怕。他并不是一个愿意惹事的人，人不犯我，我不犯人；他更不是一个怕事的人，人若犯我，我必犯人。

很显然，属兔子的南存辉更多的时候是恬淡、自然的，正如他温文儒雅的外表一样。但是，不要忘记，兔子急了，也会咬人的。

而且这种"咬"，是在对手无防备的情况下的一种反击，所以，一旦被咬中，可能"后果"更严重。施耐德将正泰视为"敌人"，视为生意场上的竞争对手，而且一直在想办法、尽所能来打压。而南存辉所做的，就是"忍"。

终于，在忍了 12 年后，南存辉出手了，他将老对手施耐德告上了法庭，再加上 3 年反诉期，这一恩怨上演了 15 年。

回顾正泰与施耐德的恩怨，十几年来，双方关于收购与反收购、关于侵权与反侵权之争，一直处在舆论的风口浪尖之上。

施耐德进入中国以来，利用合资、收购的手段，妄图占有中国市场。它一路从天津杀到上海，从广东杀到陕西，可以说是攻无不克、战无不胜。正当它沾沾自喜、以为自己很快就能将中国低压电器市场完全纳入自己怀抱中的时候，在中国低压电器的生产重镇浙江省温州市乐清县柳市镇，施耐德遇到了生平第一个对手——南存辉。

如果这世界上有后悔药，估计施耐德会毫不犹豫的吃了它，让时间再回到 1994 年；如果可以重新来过，估计施耐德无论如何也不会去招惹南存辉，而是会换一家企业，换一个人，来谈自己的合作。

在与施耐德最初交锋的日子里，南存辉无疑处于守势。"守"是一种境界，更是一种文化。守不是弱者的专利，它更是一种战术，有守才有攻，只有守住了，才能再次进攻。估计南存辉自己也不会想到，与施耐德一战，就是 15 年。而自己在这 15 年里，有 12 年是在防守。

从 1994 年施耐德初识正泰，至 2006 年正泰起诉施耐德，12 年间，施耐德同正泰进行了三次合资谈判，外资企业牵手中国民营企业"看上去很美"的合作，因为南存辉始终坚持民族品牌的主导权和控制权，而一次次破裂。

而每次谈判破裂后，施耐德就会起诉正泰产品侵权，索要巨额赔偿，不仅在中国起诉，而且在其他国家起诉，前前后后起诉了正泰多少次，南存辉已经数不过来了。

和"敌人"对战久了，南存辉摸清了"敌人"的意图：先诉讼再谈合资，合资不成则再诉讼，并以诉讼促成合资。摸准了施耐德"套路"的南存辉没有关上和施耐德谈判的大门，他对施耐德虚与委蛇，"谈归谈，打归打"，并在12年间卧薪尝胆，隐忍不发，默默蓄势，不断投入科技创新，以增强自身的抵抗力。

终于，在同南存辉对抗了12年后，施耐德没有信心了。他们感觉到自己的力量在慢慢耗尽，如果再不寻找下一个目标，自己很可能在中国这片市场上失去立足之地。

施耐德也是聪明的。他们放弃了南存辉这块难啃的"骨头"，把目标转向了南存辉曾经的合伙人，曾经的共同创业者——胡成中执掌的德力西电器。而在德力西这里，施耐德又重新找回了"胜者为王"的感觉：在与德力西商谈合资的过程中，没有阻力，没有坚守，没有反攻，一切是那么的水道渠成。

2006年12月，施耐德和德力西签订战略合作协议之后，蓄势待发的南存辉，毫不含糊地站了出来。在接受媒体记者采访时，他表示，"通过与施耐德10年的谈判，已看清施耐德对中国低压电器市场志在必得的心思。跨国公司惯于用标准、专利、收购、诱惑等一切手段达到目的"。

在这之前，南存辉做了大量预备工作，2006年8月，正泰以其人之道还治其人之身，以专利侵权为由反诉施耐德，南存辉的身份也开始有了转变，由"被告"变成了"原告"。

中国人常说，能忍则忍，小不忍则乱大谋。

南存辉则说，忍无可忍就无须再忍，该出手时就出手。

忍了 12 年，南存辉出手了，而一旦出手，就必定积蓄了全部的力量，必定会给对方致命一击。

知识产权保卫战

南存辉的正泰与施耐德可以说是"敌人"，是"对手"，两者之间有攻有守，纠葛了 15 年。按照传统的想法，双方应当互相恨得咬牙切齿才对。不知道施耐德是什么感觉，南存辉却对施耐德没有任何"恨"意，相反，他是发自心底的感激，感激对手，正因为对手的存在，才让他有了成长的动力。

"要想成功，你需要朋友；要想非常成功，你需要敌人。"希腊船王欧纳西斯的这句名言，南存辉深有感触。正泰的成功，是因为有了朋友，而正泰的非常成功，是因为有了敌人。正是在成长阶段中，每走一步都遇到对手、遇到竞争，才让正泰走过了一道又一道坎。而每经过一道坎，都能让正泰更加成熟一些。

生活中的很多人总是不喜欢自己的对立面，有时甚至因为遇到对手而失魂落魄。实际上，遇到对手并非坏事，对手是一把双刃剑，它可能会对你造成威胁，但有时候也会成为你进取的动力。有对手，便会有竞争，有竞争，才会有进步。

南存辉说，他要感谢对手，因为对手会逼迫他成长。他要感谢施耐德，因为施耐德，让他明白了什么是知识产权，让他认识到了知识产权的重要性，并开始追求自己的品牌，开始懂得保护自己的知识产权。从另一个角度说，南存辉对知识产权的重视，也正是施耐德对正泰的多次起诉所给予的。从这个意义上说，施耐德是不折不扣的老师，南存辉是不折不扣的学生。但是，老师不会想到，这个"学生"的领悟力太强了，现学现卖到如此程度，自己十几年来20多次没有"告倒"他，而这个学生，一告就把"老师"告倒了。老师输了，输在自己学生手上，而且输得很惨。

20年前，当施耐德首次欲与正泰牵手的时候，它大概不会想到，柳市这个小小的民营企业，竟然是如此难缠，如此强硬。自己和他对战了十几年，不仅没有压倒他，反而让他越来越坚强，而且"现学现卖"，也用知识产权打起了官司。

"知识产权"是施耐德用以追打正泰的"武器"，多年以来，施耐德一直挥动着"知识产权"的大棒，对正泰穷追猛打，其架势，必欲先除之而后快。

施耐德第一次起诉的时候，确实让南存辉"懵"了一把。1994年，正泰独自立厂还不到3年。因为经历了同合伙人的"分家"，正泰刚刚从柳市质量参差不齐的低压电器产品中突围出来，元气还尚未完全恢复，南存辉还没有来得及喘口气，就又遭遇了"产权之争"，而纷争的对象，竟然还是一个跨国巨头。

处于创业初期的柳市，不只是南存辉和他的正泰，基本上所有的工厂都缺乏先进的制造能力，缺工艺、缺技术、缺设备，生存尚且艰难，更不用说知识产权意识了。可以说，在接触施耐德之前，南存辉根本不知道"知识产权"为何物，更不知道如何去保护自己的"知识产权"，施耐德的起诉，给南存辉上了一堂深刻的课，自此他也开始探寻"知识产权"中的秘密。

1998 年，施耐德再次将正泰告上了法庭，理由依然是侵犯"知识产权"。也许，施耐德的意图，是想通过诉讼，让南存辉放弃对抗，进而接受施耐德的合作条件。然而，南存辉不怕。有人这样形容南存辉：那是一头倔驴，认准的道就一定要跑到黑。南存辉则说，为了保护自己的品牌，必须见招拆招，"血战"到底！

2004 年，正泰与施耐德开始了第三次谈判。当然，这次又以没有达成协议而告终。接下来的一年，施耐德又加快了步伐。在欧洲各国对正泰提起 15 项侵权诉讼，这些诉讼大多是以侵权为由，向法院申请对正泰产品的临时禁令。

后来，南存辉终于明白了：施耐德的目的，在于禁止正泰的产品进入欧洲市场，他们想用这个来拖垮正泰，拖垮南存辉，进而达到自己的目的。

可是，南存辉并非只是逆来顺受之人，"来而不往非礼也"：你施耐德告了我 20 多次，我怎么也得反击你一次吧。2006 年 8 月，就在德力西与施耐德的合资传闻正盛之际，在被施耐德的知识产权大棒穷追猛打了 12 年后，当了多年被告的南存辉也开始华丽转身，以其人之道还治其人之身，同样以侵犯知识产权为由，将施耐德告上了法庭。

正泰的理由，同样是"专利侵权"。涉及到的几家企业是：施耐德电气低压（天津）有限公司、施耐德的经销商宁波保税区斯达电气设备有限公司、宁波保税区斯达电气设备有限公司乐清分公司，南存辉要求他们，立刻停售并销毁侵权产品，并提出了 3.3 亿元的索赔。施耐德没有想到，南存辉的这一次反击，是如此的利落，如此的天衣无缝，让人找不出丝丝破绽。

南存辉说，正泰于 2005 年就掌握了施耐德的侵权证据，但为了稳妥起见，不打无准备之仗，正泰做了大量相关的准备工作，并两次到国家产权局做了检索确认，一切准备好以后，才开始反诉。这就是南存辉，由开始的守，到主动出击转攻。他的目标是：要么不出手，只要一出手，就必定给对手迎头一击。

在最初决定起诉施耐德的时候，很多人为南存辉捏了一把汗。南存辉却是出奇地冷静："中国民营企业需要克服心理弱势，既要尊重别人的知识产权，也要敢于维护自己的知识产权，既要敢于接招，又要勇于出招，维护自主创新的成果，在国际竞争中赢得自主权。"

就在正泰起诉施耐德不久，在中国乃至全球商界都闹得沸沸扬扬的一件事，就是达能和娃哈哈之争，而争论的焦点，同样是知识产权的归属和品牌的独立。

1996 年，娃哈哈产值已经突破亿元大关，并初具规模。其掌门人宗庆后怀着"市场换技术"的美好愿望，选择战略性引入世界饮料巨头达能，生产以"娃哈哈"为商标的包括纯净水、八宝粥等在内的系列产品。最初合作的几年，双方可以说磨合得较好，但是，亚洲金融风暴之后，情况却发生了变化：百富勤将股权卖给达能，达能控股 51% 跃升到主导地位。而合资以后，双方的合作并不愉快。达能是国际大鳄，娃哈哈是民企巨头，在磕磕碰碰中，牵手的两方在经历了 11 年"婚姻"磨合后，最终出现了合作中的不和谐音符。

两个原本"联姻"的"夫妻"，关于商标品牌问题再也无法达成一致，对战也就不可避免地发生了。在这场"对战"中，娃哈哈一方誓言要打一场轰轰烈烈的民族品牌保卫战，保卫自己的品牌不受侵害；而达能则打着法律的旗号，表示双方的纠纷是娃哈哈与达能企业间的竞争，属于合作双方利益分配上的分歧，应该由法律作出公正的判断。

达能与娃哈哈之争，让南存辉更加意识到了自己当初决策的重要性，他庆幸自己一直以来坚守"正泰"的品牌独立，拒绝施耐德的并购。这样，即使在双方打响"知识产权保卫战"的时候，自己也还有足够的优势，不至于被动。

在达能和娃哈哈的争夺战中，宗庆后一直高举民族大旗来反对达能。而南存辉从这一事件中再次悟出了什么？他转换了另一种表述方式，既申明了自己的立场，也表明了自己的坚守，那就是"知识产权"。

曾经，施耐德一边同正泰谈合作，一边举着"知识产权"的大旗起诉正泰的做法，让南存辉有些迷惑而不知所以，但现在，南存辉开始现学现卖。

当施耐德与德力西的合作已成事实，南存辉一边巧妙地以法律手段反击施耐德，一边收拾起自己的愤怒。当社会上有人大骂胡成中引狼入室，是"卖国贼""汉奸"的时候，南存辉宽容大度地为胡成中辩解："胡成中不是吴三桂。"他说，"最重要的是政府要看清楚。我们作为企业家，只能以善意的、正面的、平静的心态去看待这个过程。少一些责备，多一些谅解。"

这场知识产权保卫战中，可以说，在南存辉反诉施耐德以前，施耐德一直以"知识产权"为子弹，用枪口对准南存辉和正泰，意图使其屈服；而现在，情况反过来了，南存辉同样以"知识产权"为子弹，把枪口调转到了施耐德那里。

南存辉说，有竞争才有进步，一定程度上，正泰要感谢施耐德，在施耐德利用知识产权对正泰步步紧逼的时候，正泰才有了更深厚的危机意识，才知道需要用更有力的武器来保护自己，这个武器就是知识产权的研发和保护。

"我的品牌，我来维护"

"知识产权"是施耐德用来追打正泰的武器，而在 12 年后，南存辉同样以"知识产权"为武器，回敬施耐德。世界 500 强企业施耐德，教会了温州柳市的民营企业正泰，什么是知识产权，如何保护自己的知识产权。在知识产权保卫战中，南存辉赢了，而且，一告就告倒了老对手施耐德，赢得扬眉吐气。

2009 年 4 月 15 日，正泰与施耐德历时 15 年的纷争终于画上了句号，双方就正泰反诉施耐德侵权一案最终达成协议：施耐德向正泰赔偿 1.575 亿人民币达成和解。当然，这一和解金额，对施耐德来说，也许只是九牛一毛。但对南存辉来说，和解的意义，却并不在于赔偿金额的数字本身，这一和解金额，尽管创下了中国知识产权案的最高纪录，但更为重要的，是增强了南存辉引领中国民营企业注重保护自己的信心，也为他"以其人之道还治其人之身"的好戏划上了一个完美的句号。

对于正泰的获胜，业界人士直呼"没想到"，认为"不可思议"。他们没想到的是，中国的一个刚刚兴起 20 多年的民营企业，竟然战胜了有着近 200 年发展历程的跨国巨头，这真的有些"不可思议"。不过，南存辉知道，获胜，是意料之中的事，因为他们提供了充分的论证，不是无中生有，也不是仓促应战，为了反击施耐德，他已经做了太多的准备。

实际上，两年前，南存辉就已经赢了，只不过在当时，对于法院的判决，对方并不服气，并不甘心认输，而这一次，对方则是心服口服地接受和解。

2006 年，南存辉提起反诉。当时，正泰向温州市中级人民法院起诉，原因是：天津施耐德生产的断路器，侵犯了正泰的97248479.5 号实用新型专利权。正泰要求，施耐德立即停止销售并销毁侵权产品，同时，要给予正泰集团 3.3 亿元的赔偿。

可以说，这一案件在当时引起了很大的轰动和关注。在人们惯常的观念中，人家那么大的跨国 500 强企业，还能侵犯你一个小民营企业的产权？你有告赢的可能么？然而事实出乎人们的意料，南存辉真的告赢了。2007 年 9 月，法院判处施耐德向正泰集团支付3.3 亿元的赔偿，并被勒令停产侵权产品。这样，"正泰"以专利侵权为由反诉施耐德一案，以施耐德一审败诉告终。判决的那一天，没有人知道南存辉心里是什么滋味，或许是兴奋、期盼、意外、苦涩等等兼具吧。

就在中级市人民法院宣判施耐德败诉不久，欧洲也接连传来好消息，同样是在 2007 年，德国联邦专利法庭宣布施耐德该专利无效。巴黎高等法院以"滥用程序"判决施耐德的销售禁令申请无效。

关于反诉施耐德侵犯知识产权一案，南存辉不仅在中国告赢了，在法国巴黎也赢了！"我要告诉全世界，中国民企尊重别人的知识产权，也拥有自己的知识产权！"一向温声细语的南存辉一反常态，语气激昂。

而关于正泰与施耐德的跨国恩怨，据说，还引起了国家高层领导人的关注。时任法国总统萨科齐曾为此专门致信我国领导人，要求中国法院依照法律规定，公正审理施耐德和正泰的案件纠纷。

有心人，天不负，卧薪尝胆，坚持技术创新多年之后，知道保护自己知识产权的正泰，一举告倒了施耐德这个"老师"。然而，一审判决后，施耐德方面并没有接受审判结果，它向浙江省高级人民法院提出上诉，理由是：正泰专利无效。就这样，正泰和施耐德又经历了两年的拉锯战，双方才最终达成了和解。而关于双方的和解，南存辉认为，这场长达15年的纷争，并没有谁输谁赢之说。这只是一场正常的商战，只能说大家的收获不同而已。

二战时期，英国首相邱吉尔说过：我们没有永恒的敌人，也没有永恒的朋友，我们的使命就是为我们的利益而奋斗。这句名言演变至今天，成了生意场上人人信奉的法则。南存辉认为，生意场上，每个企业都在为自己的利益而奋斗，至于采取何种招术，是企业的自由，只要不损人利己，不违背商业道德，就可以。在生意场上，在商业圈中，没有永远的朋友，也没有永远的敌人。因为在生意场上，无论是朋友还是敌人，都是由利益决定的。

当初，谈判不成，施耐德代表曾经对南存辉说：正泰如果不能成为我们的朋友，那就只能是敌人。施耐德不仅这样说了，而且真的这样做了，他联合了正泰的老对手德力西，双方结成联盟，来共同对抗正泰。但是，他们没有想到，南存辉这么有反抗力，他不仅没有在压力中逐渐倒下去，反而冲破了重重阻力，变得越来越强大。15年后，施耐德不得不亲自推翻了"不是朋友就是敌人"的结论，向正泰提出了和解。

"渡尽劫波兄弟在，相逢一笑泯恩仇。"多年以前，中国的大文学家鲁迅所作的这首言及兄弟情义的诗，今天，我们可以搬来套用在南存辉和施耐德的身上。南存辉的正泰和施耐德原本不是兄弟，甚至可以说是"仇敌"，在收购与反收购，侵权与反侵权之间，双方整整斗争了15年。

15年的时间，说长不长，说短不短。对于一个普通人来说，15年几乎占据了生命的四分之一或五分之一，它让一个人从不懂世事的少年，蜕变为敢想敢做勇于担当的青年。15年的岁月，对于正泰这个企业来说，从当初的小心谨慎步步为营，发展为今天在本领域叱咤风云的领军者。经过15年的你争我夺，正泰和施耐德这对"冤家"，真的做到了"相逢一笑泯恩仇"。

当然，这种相逢一笑，也是双方不断斗争、不断妥协的结果。在南存辉看来，一审判决中的赔偿金为3.3亿元，到后来和解时协议中的1.575亿元，这恰恰说明了正泰的让步，在不断让步、不断妥协中，才达成双方的和解。虽然从施耐德的立场看，自己主动纠缠了十几年，最后却以自己交付1.575亿元的赔偿金收场，面子上确实有些过不去。但这样的结果并不代表施耐德在"利益"层面输了。

南存辉认为，企业和企业之间的竞争，应当是正常的、良性的竞争，这样才有利于双方共同的发展。在知识产权的是是非非方面，正泰和施耐德已经争了15年。这15年中，只有双方自己知道，究竟浪费了多少财力、物力和人力。如果再继续争下去，对双方来说都不是一件好事，没有任何好处，而且还可能会两败俱伤。与其继续争斗，不如握手言和，把更多的精力放在企业的发展上，所以，和解是最好的出路。

虽然最终以和为贵，但正泰和施耐德 15 年来的拉锯战，同时也反映出了本土品牌与跨国企业之间一种特殊的共存方式，在反反复复的你退我进你进我退中，外人可以想象出双方的艰难博弈与交锋，以及其间的锱铢必较和针尖对麦芒。

无论过程如何，结局毕竟还算美好。跨国巨头输了，而南存辉赢了，赢得扬眉吐气，这为南存辉的产业报国、坚持品牌自立、保护知识产权的坚守做了一个最好的诠释。

在南存辉的心里，一直抱守着一种价值观：把正泰集团做成百年老店，把正泰这个品牌做强做大，提高正泰产品的技术含量和附加值，用产业报国。

用产业报国，这绝对不是在"唱高调"。南存辉强调：中国是一个地大物博的国家，拥有 13 亿人口。自古以来，中国人就是勤劳、聪明的，所以，中国企业没有理由只做贴牌生产的低端产品。在他看来，正泰能在知识产权关系中对抗施耐德，其他中国企业同样也可以。跨国巨头也是人，也不是那么的高高在上。既然施耐德能做出世界低压电器名牌，中国人同样也可以，中国企业同样也可以。

是的，为什么中国人不行呢？中国需要像南存辉这样的民营企业家，只要每个企业家都行动起来，那中国经济的发展，中国的发展，将更加不可估量。多年以来，因为受发展历程和发展阶段所限，中国企业对自身品牌的价值并不是十分重视，内心深处也缺乏对知识产权的主动保护意识，更没有充分意识到品牌对企业发展的重要性。

我国在引进外资的过程中，一些企业在最初寻求与外资合作的时候，没有注意保护民族品牌，以至于一部分企业为了短期的商业利益，竟然以极低的费用轻易转让了自己的商标品牌，品牌商标权流失现象极为严重。比如那些众所周知的本土品牌，"小护士"、"熊猫"、"乐百氏"等，已经在波涛汹涌的品牌大战中逐渐淡出了人们的视野，并最终销声匿迹。它们曾经也是中国的骄傲。不过值得庆幸的是，中国还有南存辉这些人的存在，他们在企业的发展过程中逐渐认识到了品牌的重要性，而且带动了越来越多的企业，开始意识到商标品牌的重要性，并开始保护自己的无形资产。

对于南存辉对抗施耐德这一战，有评论人士给予了极高的评价，他们认为，南存辉改变了中国民营企业家的形象。因为他没有在电器产业链上苦苦挣扎，没有压低自己的身份与国内同行互相竞争自相残杀。而是以跨国巨头为榜样，学会了利用知识产权这个武器，来保护自己。

不夸张的说，南存辉在这 15 年里，结束了一段历史，它既是正泰的历史，也是中国民营企业的历史，它振奋了中国民营企业的士气。而在 2013 年，中央电视台财经频道制作的展现中国装备制造业成就的大型记录片《大国重器》中，南存辉接受了采访，他语气铿锵："中国，不缺能力不缺智慧，中国需要时间来证明，赶上超过它（欧美）是时间问题。"

第六章

太阳之城，新能源的追逐者

布局新能源：太阳能

低压电器是正泰的起家领域，虽然与电气巨头施耐德纠葛了十几年，但南存辉并没有放弃正泰的成长。他一边忙着以"知识产权"为由反诉施耐德，一边也在谋划着正泰新的生长点。

2006 年 10 月，在钱塘江南岸的杭州市滨江区，"浙江正泰太阳能科技有限公司"正式挂牌。公司的业务范围是专门从事太阳能晶硅电池、组件和薄膜电池的研发、生产和销售。此举宣告，一直在电器领域耕耘的南存辉，开始向新能源领域迈进。

南存辉的这一举动，让所有业界人士都大吃一惊。本来，在业界，一个集团成立一个子公司，并不是什么新鲜事，普通得不能再普通。全国各地，每天都有新的公司在产生，同时又有旧的公司在破产或灭亡。数量到底有多少，没有人能给出确切数据的。但为什么一件普通得不能再普通的事情，却让业界人士如此震惊呢？

让人震惊的，不是事件本身，而是做这件事的人。人们疑惑的是：一向提倡专业化经营的南存辉，怎么也放弃了自己坚守20多年的主业，开始用两条腿走路，尝试多元化经营了呢？可是，熟悉南存辉的人对此却并不奇怪，他们明白，南存辉不是一个墨守成规的人，骨子里时刻透着不安分因素的他，守业守到一定时候，必定出手，寻求新的转变。在他们看来，南存辉守了20多年，是到出手的时候了。

对于专业化和多元化，南存辉有着自己的理解。他认为，专业化并不等于完全拒绝多元化，他不会盲目搞多元化，但也不会放弃多元化，多元化必须建立在专业化的基础上。而进军新能源领域，并不是南存辉的心血来潮盲目布局，而是经过几年准备反复论证后的一个尝试。

南存辉在电器领域走了20多年，也算是业界成功者，但他从来没有为取得的成绩而沾沾自喜，相反，他的心中，时刻保持着很深的忧患意识。他认为，正泰这些年的运作很成功，但前方也并非完全是坦途，可以一路无所障碍的走下去。正泰的处境是："前边有狼，后边有虎，中间还卧着一只大狮子。"前边有狼，是指走在前面的跨国公司；后边有虎，是指后起的民营企业；中间的大狮子，是指国有企业和一些其他相关行业的大企业。这些企业都凭借着自身的优势，在电气行业异常惨烈地竞争着。

电气产业是一项非常传统的产业，也是一项劳动密集型产业，如果不能进行实质的转型升级，说不定哪一天，企业的发展就会停滞不前，甚至会面临崩盘的危机。深知这一点的南存辉时刻都在寻求着新的转变，作为正泰的掌门人，他有责任也有义务将正泰提升到另一个高度。

转型的切入口在哪里？南存辉谋划的，是新能源产业。新能源，又称非常规能源，是尚未大规模利用、正在积极研究开发的能源。如太阳能、风能、现代生物质能等等，都属于新能源。相比于技术上比较成熟且已被大规模利用的煤、石油、天然气等常规能源，新能源的开发前景更加诱人。

目前，在中国可以形成产业的新能源主要包括水能、风能、生物质能、太阳能、地热能等，这些都是可循环利用的清洁能源。而南存辉首先布局的，就是太阳能。让我们先来了解一下太阳能。百度百科的解释是：

> 太阳能是指太阳光的辐射能量，太阳能的主要利用形式有太阳能的光热转换、光电转换以及光化学转换三种主要方式。广义上的太阳能是地球上许多能量的来源，如风能、化学能、水的势能等。
>
> 太阳能的利用方法也有多种，比如，太阳能电池，通过光电转换把太阳光中包含的能量转化为电能；太阳能热水器，利用太阳光的热量加热水，并利用热水发电等。太阳能的优点是清洁环保，并且没有任何污染，有很高的利用价值。
>
> 说到太阳能，更有必要说一说太阳能光伏。光伏板组件是一种暴露在阳光下便会产生直流电的发电装置，由几乎全部以

半导体物料（例如硅）制成的薄身固体光伏电池组成。由于没有活动的部分，因此可以长时间操作而不会导致任何损耗。简单的光伏电池可为手表及计算机提供能源，较复杂的光伏系统可为房屋照明，并为电网供电。光伏板组件可以制成不同形状，而组件又可连接，以产生更多电力。

南存辉进军太阳能产业之际，正是全球环境恶化之时。在越来越恶劣的生存条件下，人们越来越认识到环境保护的重要性，也想要保护自己生存的地球，各国也基本达成了共识：共同保护生态环境，发展低碳经济。在这种情况下，开发新能源自然而然地成为应对全球能源问题与气候问题的主要途径。

南存辉适时抓住这一发展契机，将正泰的产业触角伸向新能源，以期在市场竞争中赢得主动，掌握新一轮的竞争主动权。

人们常说，靠山吃山，靠水吃水。考虑到老家温州在土地、电力、人才资源等方面的有限性，南存辉把公司选址在风景秀丽、经济发达的杭州。他相信，杭州人杰地灵，人才济济，在这秀丽的山水之间，他布局新能源的梦想也一定可以实现。

南存辉是一个极具战略眼光的人，大多时候，他不会轻易出手，而一旦出手，他必定全力以赴。

可以说，南存辉为布局新能源下了很大的"血本"，他请到了美国斯坦福大学的杨立友博士担任浙江正泰太阳能科技有限公司的总经理，杨立友是光伏产业的领军人物，是物理学家李政道的博士研究生，世界知名的薄膜电池专家，多年来在美国一直从事二代薄膜光伏电池的研究，在太阳能电池和其他光电器件领域拥有 18 项专利发明。南存辉还请到了知名太阳能薄膜电池专家周曦博士，由他担任正泰太阳能的首席科学家，同时，他又网罗了多名国际知名新能源行业顾问，组成强大的技术团队。

看看正泰太阳能科技有限公司强大的团队阵容，就可以知道，南存辉为它倾注了多少的心血，又寄托了怎样的期望与追求。

进入太阳能光伏产业，正泰选择的是二代薄膜太阳能技术，这项技术与相对成熟的晶体硅太阳能电池相比，具有很大的优势，它的硅材料占用量少，成本更低，南存辉将此视为正泰太阳能科技有限公司的"看家武器"。

太阳能公司刚刚投产不久，就取得了开门红。凭借着正泰在全球各地经销商中建立的良好信誉和口碑，正泰首度推出的太阳能电池广受推崇，几个月的时间，订单销量爆棚。

当时，在杭州市滨江区正泰太阳能科技有限公司的大门口，是这样一副热热闹闹的景象：六七月份，杭州正值酷暑，夏雨如注。在工厂门口的道路两边，粉红色的夹竹桃争相怒放。而从正泰太阳能公司门口进出的工人，却顾不得欣赏这些迷人的景色，也不敢做片刻的停留，他们来去步履匆匆。这些都是正泰公司三班倒的工人，因为工厂投入生产不久，产品需求量太大，而生产能力却远远跟不上订单的速度。工厂只能 24 小时投入生产，即使这样，还是没有办法满足需求。全国乃至全世界各地飞速而来的订单像雪片一样，飘到南存辉的手上。

南存辉请来的强大的技术团队没有让他失望，在这些技术专家夜以继日的攻关下，正泰薄膜太阳能电池终于突破了技术瓶颈，成功地将转化率提升至 12%。

正泰太阳能公司取得了开门红，南存辉悬着的心似乎可以放下了。这时，外界对他的议论并没在中断，而面对别人的众说纷纭，南存辉从来都是不争不论不答不辩，一笑置之。

"谁掌握了可再生能源，谁就能领导21世纪。"美国总统奥巴马上任后在国会发表首次演讲时说的话，被南存辉拿来反复琢磨，其程度之深，以至于他的亲人都说他"走火入魔"了。

南存辉的梦想，不在于领导21世纪，他只想带领他的企业，在另一个领域里自由驰骋。去享受蓝天白云和绿草，去呼吸新鲜自由的空气，这空气里，没有污染，没有雾霾超标。

在他的观念里，"人不能在一棵树上吊死"，必须以发展的眼光看问题，时间在变，人的想法和思路也会变。那些不愿意改变，依然固守旧有的观念，沉浸在"自己还不错"的想法中的人，总有一天会加速企业的灭亡，被这个时刻变化的时代所淘汰。而愿意改变并且主动改变的人，虽然会很辛苦，虽然会遇到很多未知的风险，但是终究会有发展的机会和可能，这叫与时俱进。

可是，不要忘了，一项新兴的产业，尽管能带来更多的赢利点，但它也是一项充满风险的事业，进军太阳能产业，这绝不是一个"过家家"的游戏。南存辉在他的新能源的布局里，能一直顺顺当当走下去吗？

光伏产业遭遇"滑铁卢"

布局太阳能，是南存辉将正泰带向另一个高度的尝试，虽然在布局之前，他就已经想到了前方会存在诸多风险，并为此做了相关的准备，但事实还是超出了南存辉的预料。南存辉没有想到，真的没有想到，自己创业的每一个关键点，都充满着那么多未知的风险。当初创办求精开关时如此，从求精开关厂分裂后成立正泰时也如此，每个关键点，他都是几经周折才最终冲破险阻杀出重围。而 20 多年后，当他布局新能源的时候，又再次陷入到一片混战中，而且这次的竞争更甚于以往每次。

没有人能说清，天堂和地狱的距离到底有多远。而对于中国的太阳能光伏产业来说，从天堂到地狱的距离，似乎近在咫尺，仅仅几年之间，南存辉就见证了一个产业的兴衰流转。对这种现象的评价，只能用"扑朔迷离"来形容。

2006 年，正泰刚刚将触角伸向新能源领域，畅想在太阳能晶硅电池、组件和薄膜电池的研发、生产和销售方面发力，做到独领风骚之时，一场国际性的危机正在酝酿着爆发。

事情的导火索是：2007 年 4 月，美国新世纪金融公司破产，作为美国第二大次级房贷公司，其破产暴露了次级抵押债券的风险，也导致投资者对按揭证券的价值失去信心，引发了流动性危机。尽管多国银行为了缓解这场危机，多次向金融市场注入巨额资金，但依然没能阻止住这场金融危机爆发。

而在这场国际金融危机中，首当其冲受到危害的，就是我国正在快速发展的光伏产业。因为当时中国的光伏产业主要依赖于向欧洲出口，可以想到，这场国际性的金融危机对中国光伏产业的冲击有多大。

在美国市场上，为应对金融危机，规定受政府援助的光伏项目必须购买本国货，组件必须产自美国本土公司，这一规定限制了中国产品在美国市场的准入；在中东市场上，原定的光伏电站计划建设项目停滞；在欧洲市场上，受金融危机的影响，国内很少有企业接到来自欧洲的订单。据统计，金融危机爆发不到一年，中国国内就有500多家光伏企业严重亏损或破产，超过千亿元的投资如流水一样漂走。而从2008年开始，国际太阳能行业就不断经历严重的打击，从全球性的乐观迅速降至失望再至绝望。

对此，业内人士纷纷惊呼：中国的光伏产业遭遇了"滑铁卢"。自然，在这种形势下，大家面对的困境是一样的，南存辉和他的太阳能光伏项目也没能避免这场危机。

初次布局太阳能时的开门红，并没有冲淡危机带来的影响。2008年下半年，确切的说，是从10月份开始，正泰太阳能工厂的订单量锐减。而当时，正泰的第一代100兆瓦的多晶硅电池生产线刚刚上马。厂房建好了，员工培训完了，设备安装也到位了，只等着放开手脚大干一场的时候，订单却没了。这对正泰太阳能来说，恰似一场无情的风暴，热热闹闹的景象还没有持续多久，金融危机的到来就打枯了这朵含苞待放的花蕾，使它还没有来得及彻底怒放，就遭受了风霜的侵袭。

"项目失利"，南存辉用这个词来形容正泰太阳能的处境。虽然经历过太多的风雨，在任何困难挫折面前都不会轻易言败，但南存辉的内心深处还是有一些酸楚，更让他挂心的，是当时的经济形势对于整个中国光伏产业的影响。

怎么办？放弃还是坚守？外界的目光都盯向了南存辉，在这些目光中，背后的含义却不尽相同：有人惋惜，有人幸灾乐祸，有人鼓励，有人期盼。各种各样的目光汇聚在南存辉身上。

很多人都明白，南存辉也明白，在国际上，新能源领域向来是大财团专属的资本游戏。而对来自中国温州，依靠劳动密集型制造业起家的中国民营企业家来说，一条流水线动辄上亿美元的投资更像是一场未知的赌博。没有人知道，这场赌博的最后结果是什么。

既然是赌博，没到最后，谁也无法预测胜负，南存辉不是一个轻言放弃之人，他发动所有人，坐下来集体论证这个项目。经过评估，董事会坚定：这个太阳能项目不能动摇。随后，集团公司调集了 20 亿元的资金，准备随时支持太阳能公司。

对于南存辉的决定，很多人表示不理解。你已经赚了那么多钱，几辈子吃不光用不光了，你就老老实实在你的低压电器领域里守着呗，为什么还要压前途并不明朗的太阳能做赌注呢，万一赔进去全部家当，怎么办？其实，对于这个问题，南存辉不止想过一次。工作的时候想过，睡觉的时候想过，吃饭的时候也想过。自己是一个掌舵者，企业有这么多人在追随着自己，自己手中又拥有别人没有的资源和资金，如果不好好利用，怎么能承担起一定的社会责任呢？

南存辉认为，布局太阳能光伏项目，是在为人类、为子孙后代做事，说大了，是功在当代、利在千秋的事，既然选择了，就必须义无反顾地走下去。

"走下去"，短短的三个字，说来简单，做起来谈何容易。一帆风顺的时候，要想往前走，是很容易的，而在逆境中，一切都处在不利的位置时，走下去，就很艰难了。

南存辉在光伏产业的巨大变化中顶着巨大的压力，他感觉，自己干企业 30 年，从来没有像投入太阳能产业这几年这样的惊心动魄。"专家们提出一个方案，我一点头，几个亿就出去了。"南存辉说。

走下去，并不代表孤注一掷，南存辉不会坐等政策的转变或市场的回暖，他寻找着机会，开始主动出击。

2009 年 3 月，正泰与赛伯乐成长基金以及上海联和投资有限公司签署协议，两方为正泰投入 5000 万美元，用于生产第二代薄膜太阳能产品。这 5000 万美元的投资，也占去了正泰太阳能 30% 左右的股份。

南存辉的这一举动又让很多人开始"说三道四"，毕竟在南存辉那里，非常看重企业的股权，更没有见到他为了资本而放弃股权。业内人士私语的是，正泰太阳能科技有限公司成立不久，联想集团董事长柳传志就私下里访问了正泰集团，并有意让联想旗下的创投公司注资到正泰的太阳能，但被南存辉回绝了。此次正泰太阳能主动引进赛伯乐投资，又意欲何为呢？是南存辉的资金链条断裂、财务紧张？还是他意识到太阳能这一新兴产业的风险，找来化解方分散风险呢？

无论外人如何猜测，南存辉都以沉默来应对，他很忙，忙到无暇顾及别人的说三道四风言风语。他正紧锣密鼓的谋划下一步的行动：抢抓人才。

在金融危机爆发之时，南存辉的应对之策，就是不失时机的开展了"人才抄底行动"，他从国内外网罗到了 200 多位人才，加盟正泰集团。这一做法使正泰集团及其光伏产业的水平和实力得到大幅提升。

没有人知道，在金融危机对中国光伏产业的冲击中，南存辉承受了多大的压力。对于压力，他从来都是自己"消化"，不会轻易对人言起。无论是在家人面前，还是在正泰的员工面前，他都不会表现出来。但是，正泰公司的员工看见他们董事长那日渐加重的黑眼圈，就知道他正承受着很大的压力，也正忧心着未来的发展。

可以说，极度依赖出口的中国光伏组件企业在金融危机中受到的波及更严重，国内光伏产业市场一片惨淡，以至有人形容它是"鸡肋"，食之无味，弃之可惜。

每个人面对压力的反应不同，有压力，可能是坏事，也可能是好事，压力是一把双刃剑，既可能把人压垮，也可能让人产生更大的反弹力。毫无疑问，南存辉属于后者。虽然拿到了赛伯乐5000万美元的投资，但南存辉的心情并不轻松：钱拿到了，市场需求却非常微弱。他不能坐以待毙，而是时时刻刻在寻找着机会，寻找着能扭转现状的机会。

南存辉一直没有放弃，他也不会放弃，在正泰太阳能科技有限公司3周岁之际，2009年10月，南存辉再出重拳，成立浙江正泰新能源开发有限公司。这次，他将重心放在电站投资、建设及运营业务上。公司具有电力工程总承包叁级资质，也成为行业领域少数几个拥有该资质的新能源企业。他想用这个新能源公司，来分担太阳能光伏产业的风险。

业内人士对此还是存有疑惑，光伏产业遭遇了滑铁卢，旧日的风光早已不在。南存辉能挺过这个严冬么？他能扭转光伏产业"滑铁卢"现象么？

南存辉说：事在人为，认准的路，就要坚守下去。当初，正泰在低压电器领域坚守了20多年，终于守得云开见日头。而今，他还要在太阳能光伏领域坚守下去。说不定哪一天，这就是梦想的实现点。

运筹帷幄，架构科技产业链

在全球的太阳能光伏产业都遭遇危机之时，中国的民营企业正泰也未能幸免，就在业内人士纷纷惊呼"滑铁卢"之时，南存辉却以强大的实力，一直坚守着。只要是他认准的路，就一定会走下去，但他也不会一条路走到黑。他所选择走的路，所坚持的方向，都是以"前景"为标杆。

正泰太阳能在杭州做了 3 年的光伏电池，一段时间后，南存辉发现，太阳能电池片和组件生产的利润非常低，而市场上大家都去扩张产能，来蚕食有限的资源。随后，由于市场的变幻莫测，导致硅价暴跌，薄膜电池的成本不再具有优势，正泰太阳能也陷入了发展困境。这 3 年，对南存辉及正泰太阳能来说，经历了由波峰到谷底的艰难历程。

一直向前看的南存辉，开始果断地进行战略调整。调整的初始，就是将太阳能产业由生产向研发转型。企业转型也是很痛苦的事，毕竟之前已经为此付出了太多太多。但是，不转型，就可能枯死；转型，才有活下去的希望。正泰将薄膜太阳能的研发放到了重要地位，成立了新能源研究所生产线，将薄膜太阳能技术和其他一些高科技产品进行嫁接。

在国内太阳能光伏产业遭遇"滑铁卢"之时，在国内一些光伏企业正在思考如何应对的时候，南存辉已经结合正泰的传统产业优势，寻找适合自己的盈利模式。

2009 年 10 月，浙江正泰新能源开发有限公司注册成立。而在外界看来，这个公司成立意义非凡，它不是那种传统意义上的一个公司，一个实体，而是正泰在新能源领域谋求转型、谋求发展的工具。如果用一句话或一个词语来概括这个新能源开发有限公司的性质，恐怕，"投资型企业"是最恰当不过的了。因为这个公司的主业从成立之初就十分明确：那就是建电站，收电费。

投资新能源开发有限公司，并非是南存辉的心血来潮，也并非是光伏行业发展不景气时的病急乱投医，这一点，早在2006年正泰初步布局新能源时，就已经想到了。有人说，南存辉太精明了，在初始投资新能源时就想好了退路，这种眼光，这种睿智，不是一般人所能具有的；也有人说，南存辉是运气好，总是能在山穷水尽之时峰回路转。但无论外人如何评论南存辉，他们还不得不对南存辉竖起大拇指，从心底里发出一声：南存辉，真行！

业内人士都清楚，投资电站，需要的是"大手笔"，因为这不是一个弱者的专利，而是一个强者的游戏。毕竟，动辄上亿元的项目，不是谁想投注就能投注的，它需要的，除了雄厚的资金，还有超人的胆识，强健的心脏，非常人的气魄。只有各项条件都具备的人，才敢压上如此大的赌注。

目前，盘点国内投资电站的企业，只有少数几家光伏企业投资了规模很小的电站，基本上是中国华能集团公司、中国大唐集团公司、中国华电集团公司、中国国电集团公司、中国电力投资集团公司五大发电集团以及地方有财政背景的能源公司在这个领域角逐，他们积极发展电力上下游产业，最终形成相辅相成的产业链条，以服务于公司的发展。

南存辉选择了建电站这条惊心动魄不知终点在何方的路，能行么？业内人士也不得不佩服南存辉超人的胆识和气魄。南存辉不说，他不是那种说了不做或者边说边做的人，他从来都是做了再说或者是做了也不说，至于正确与否，结果自然会有公论。

正泰投资电站当然不是为了玩，也不是为了博人眼球以图娱乐，南存辉把全部心力都投入到这场角逐中，他有着自己完美的商业战略。

投资电站的运营模式，南存辉在布局太阳能初始就已经开始了实践，在摸索过程中积累了大量的经验，独立运作是那么的水到渠成。

实际上，用南存辉的话说，无论是当初的正泰太阳能科技有限公司，还是现在成立的正泰新能源清洁有限公司，都并没有脱离正泰的主业——电。电站是光伏产业链的下游，从发电到光伏组件，再到直流柜等配套产品，正泰集团旗下总有一个公司能供应。而围绕着"电"的主轴，既将正泰的传统产业做大做强，同时又进行了新兴产业的推进，整合了完整的光伏发电系统产业链。

南存辉明白，做企业，找到正确的赢利模式很重要。企业不能为利益驱使，但必须有自己的赢利模式。新能源靠什么赢利？不是你安安分分的做好自己的产品，不是你按部就班的等待市场的恩赐。赢利，靠的是头脑，靠的是敢想敢做，靠的是胆大心细，外加正确的时机。

为了寻找正泰在太阳能方面的赢利模式，南存辉及他的团队可谓煞费苦心。没有人能记清，他有多少个夜晚没有睡觉，他有多少次晚饭，是简单的热水泡方便面。公司的同事们都说，看到南存辉那大大的日益严重的黑眼圈，就可以知道，他付出了怎样的心血。

2009 年 9 月，浙江首个兆瓦级光伏电站项目——杭州能源与环境产业园 2MW 屋顶光伏发电站项目完成验收。正泰集团为该项目提供了所需的全套光伏组件、配件产品及安装服务。同年，在宁夏戈壁滩上，正泰太阳能一个规划发电容量 100MW、首期发电容量 10MW 的光伏并网发电站项目也已经正式开工兴建。

如果稍微留意一下这两个电站建设项目，就会发现，这里不仅有太能阳电池板，还有正泰的成套设备，通过建电站，正泰兜售了自己的全系列产品。南存辉醉翁之意不在酒，他想用它来形成自己的优势产业链。

而再往前追溯，会发现，南存辉这一准备，已经做了很多年。

2003 年，正泰电气股份有限公司破土动工，中高压输配电设备制造厂开始筹建。等到 2006 年布局新能源之时，正泰的系列产品已然形成强大的优势，覆盖了所有与电有关的产品。这就意味着，如果正泰建发电厂，除了采购发电设备外，其他的配套产品完全可以自给自足。这是一条多么完美的产业链条啊。

中国西部地区阳光充沛、地域广阔，独特的地理条件使它成为了光伏产业竞相蚕食的热土。2009 年 6 月，国家发改委公布共计 280MW 的光伏并网发电特许权项目招标方案，正泰也参与了角逐，虽然最终并没有竞标成功。但这激发了南存辉势在必得的志气与勇气。一个可喜的机遇，是西部各省也看中了光伏产业这一美好的前景，纷纷拟制光伏产业发展战略，南存辉没有错过这个机遇，他与其他投资商们在这片之前很少有人问津的土地上开展起跑马圈地的运动，南存辉再次走在前列，速度和规模都超前。在别的企业抱怨上网电价偏低或者补贴额度不大，要延缓建设进度甚至退出投资时，正泰新能源公司凭借正泰集团强大的资金后盾，正在抢时间、赶进度。2010 年，正泰已经部署完成了宁夏、青海、甘肃、新疆四省区共 1.8GW 的电站投资格局。

南存辉相信，不创新，企业就会被淘汰，但如果创新太快，也有可能成为市场的牺牲品。南存辉说，正泰在自己手上这么多年，不想让他成为先烈。所以，自己需要时刻保持清醒的头脑，创新要适度。

在业界，南存辉有一段"厕所香臭论"的佳话被津津乐道。

那是在 2011 年，整个太阳能行业都步入低谷，正泰的太阳能产品也出现了积压。而在这种情况下，南存辉却没有缩减销售计划，反而在原有基础上增加了销售计划。面对这种计划根本不可能完成的质疑，南存辉用了一个形象的比喻说："你认为家里哪里最香，哪里最臭？假如认为，厕所是最臭的，那肯定是最臭的。要是认为家里的厕所是最香的，就会千方百计让它香起来。这其实就是个观念问题，有什么样的观念，就会有什么样的行动，当然也会有什么样的结果。"而最终的事实是：正泰太阳能圆满完成了当年增加的销售计划，实现了逆势增长。

除了继续坚持材料科技的产业链，电站建设也成为太阳能产业转型的重要突破口。而就是这个电站建设，让正泰的太阳能开始大幅赢利。除了抢占国内市场，正泰也抢占了很多国外市场。欧洲、美国、中东、泰国、韩国，到处都有。

卖了 20 多年的产品，南存辉开始"卖服务"。相比于其他光伏产业，"卖服务"这一举措无疑具有"吃螃蟹"的勇气。

有人说，做生意成功，是因为在合适的时候选择了合适的路。南存辉则认为，除了这两样，还要有所准备。只有万事俱备，在东风来的时候才不会无所适从。

缔造新神话：稳步新能源领域

2014 年 7 月 3 日，中国国家主席习近平赴韩国访问，随行的还有一个中方经贸代表团。在这个代表团中，全国政协常委、浙江省工商联主席、正泰集团董事长南存辉，百度 CEO 李彦宏，阿里巴巴董事局主席马云，华为集团创始人任正非等一批中国商界大佬俨然在列。

中方经贸代表团随习近平主席的韩国之行，主要是参加在韩国首尔举行的"中韩商务论坛"，在这次论坛上，南存辉作为中国新能源和科技企业的代表，畅谈了自己对新能源的看法。

对韩国企业来说，正泰并不陌生，双方一直保持着良好的合作。韩国最大的光伏电站项目，采用的就是正泰太阳能的单晶电池组件。2013 年，韩国还与正泰太阳能签署了合作备忘录，双方正式开展了在光伏领域的合作。

太阳能光伏产业，被人们形容成一朵美丽而诱人的花朵，看见她，就情不自禁地想去触摸，但是，如果你盲目地去采摘她，那朵花可能就会变成一种美丽的毒药，什么时候毒到你又如何中毒的，可能都不知道。

南存辉不是一个神话，但他向来是神话的创造者。在电气领域，他能几十年专注于做电器，硬是把一个小产品卖到了世界各地，创造了一个神话；在新能源领域，面对困境他果断转型，同时扩展新的产业链，由卖产品到卖服务，他又创造了一个神话。当然，神话的缔造并不是那么容易的，每一次神话的产生，都是南存辉付出了巨大的心血，殚精竭虑、步步为营谋划的。做低压电器如此，做太阳能光伏同样如此。

2013年初，在国内光伏界发生了一件震动业界的大事。3月份，无锡市中级人民法院依据《破产法》的规定，正式裁定对中国光伏巨头无锡尚德太阳能电力有限公司实施破产重整。创办于2001年的无锡尚德，只走过了12年的历程，就在光伏产业大战中"香消玉殒"了。

无锡尚德在12年的年轻岁月中，绝对是一个叱咤风云的少年英才，曾经有过那么辉煌的过往。它的产能占据95%以上，是无锡电力资产规模最大的生产基地。2005年，它在纽交所成功上市，并开始大规模产能扩张，2012年的产能已达到2.4GW。

就是这样一个企业，却最终没有挺过太阳能光伏行业的严冬，最终以破产重组结束了它短暂而辉煌的一生，退出了历史的舞台。

就在尚德宣布破产不久，光伏行业另一个巨头江西新余赛维LDK也深陷2400万美元到期债务违约的风口浪尖。

一波又一波的冲击意味着光伏龙头大厂的又一轮警报已经拉响，人们直呼：中国的光伏产业已经到了生死存亡的境地。

我们再把目光投向国际：2011年，在全球经济不景气时，美国对太阳能进行了反倾销、反补贴的"双反"调查，这对全球的太阳能企业来说，无疑是一场致命的灾难；随后一年，欧盟又开始对中国光伏产品进行"双反"调查，屋漏偏逢连阴雨，这对大多数光伏企业来说，绝对是一个致命的打击。

正当其他国内光伏企业人人自危时，与大起大落、大喜大悲的尚德、赛维有所不同的是，后布局的正泰太阳能，已经摸索出了一种不一样的发展模式，依托它生产电器设备的主业，以投资电站带动太阳能产品的销售，并找到另一种赢利模式，最终在重围中杀出了一条血路。就在全球光伏产业的哀鸿遍野中，在整个行业经营惨淡的情况下，2012年，正泰太阳能销售额突破50亿元，实现盈利1.6亿元，成为光伏产业大变局中的佼佼者，创造了一个业界的神话。

正泰创造的这个"神话"，并不是碰巧而为之或一时幸运的写照，在这个神话的背后，是南存辉及正泰这个团队辛苦的付出，是他们及时转向、痛苦转型的结果。我们知道，在商业界，任何一种结果都有可能发生，但有果必有因，如果不是种下了当初的"因"，就不会收获日后的"果"。有什么样的观念，就会有什么样的结果。

在光伏产业兴盛之际，南存辉并没有像其他企业一样头脑发热，把全部资本都当作赌注投入进去。而是一步一个脚印，慢慢地尝试。在做光伏之初，正泰也请了很多国外专家，反反复复地进行论证，最终得出"可行"结论后才开始布局，并且为它谋划了巨大的开篇，请来了国际上著名的研发人才和管理人才。

在这种情况下，南存辉依然有所保留，他认为，新能源这个大方向没有问题，这是一次机遇，在机遇面前，自己不会轻易放过。同时他也提醒自己，要用平常心去做。拥有一颗平常心，成功了，不能得意，失败了，也不会失意。

机遇很多人都拥有过，一些企业觉得新能源的机遇来了，还没有看清楚，就把全部资产都投进去，最终一些企业没有抵抗住市场的风险，以至于血本无归，甚至赔上了身家性命。正泰不会玩这种危险的游戏，在入行之前，南存辉甚至已经想好了退路。一项新兴的产业，一项新开发的技术，固然有很大的机遇，同时也有未知的风险，所以，必须量入为出，这样，即使失败了，也不至于一无所有。

在新能源的投资上，正泰稳扎稳打，一点一点投入，一点一点探索，一点一点创新。所以，当这个行业后来出现泡沫浮动时，当全世界的光伏行业几乎都被颠覆时，当正泰的薄膜技术逐渐丧失优势时，南存辉才能及时刹车，调整战略转型，果断地从制造光伏电池转型到建电站，从原先的单纯"卖产品"向投资"建电站、收电费、卖服务"转变。

神话的创造不是无缘无故的，正泰守住了自己的安全底线，所以，才能在行业不景气、政策有变化时，依然能找到自己的盈利模式，开创了产业发展的神话。

2014年4月17日，在北京举行的"2014中国光伏电站行业20强榜单新闻发布会"上，南存辉获得喜讯，正泰旗下有三个企业同时上榜，共崭获六大类中的五项荣誉。2014年9月2日，由中国企业联合会、中国企业家协会发布的2014中国企业500强榜单中，人们发现，在中国500强企业榜单中，涉及光伏行业的仅有通威、正泰两位"远亲"，而其他"纯血统"光伏企业无一入榜，可谓惨淡。可见，近几年光伏产业的严冬，对中国光伏企业造成了多大的影响。

盘点正泰新能源这几年来的业绩，历历可数：

2009年，正泰太阳能承建的浙江省首个兆瓦级并网光伏电站、国内首个高效薄膜、晶硅复合型光伏电站——"杭州能源与环境产业园区"2MW屋顶太阳能并网发电；2009年，正泰太阳能在宁夏石嘴山建设首个西部光伏电站，成为了正泰太阳能转型升级的一个标志性项目。

2012年，历时3个月建成的正泰格尔木20MW光伏电站项目建成发电。正泰太阳能投建的敦煌50MW和金塔40MW并网光伏电站相继并网。同年，正泰太阳能首次实现日本市场、斯里兰卡市场、厄瓜多尔市场的分销；首次实现保加利亚、罗马尼亚、美国自投项目组件销售；签订南非64MW项目组件销售订单，2013年实现销售。

2013年12月25日，正泰新能源投资建设的新疆拜城20MW光伏电站正式并网发电，这是目前拜城唯一的大型地面光伏电站；2013年底，正泰太阳能公司收购德国老牌知名光伏企业克诺吉（Conergy）旗下法兰克福奥登（Frankfurt Oder）市工厂，作为其在全球布局的一个重要区域工厂。此举不仅有效规避双反，还为当地创造了210个就业岗位，成为德国东部最大的太阳能工厂。

2014年春节后，德国工厂开了3条生产线，随着欧洲市场的进一步拓展，不到半年时间，4条生产线都无法满足市场需求了。为此，2014年6月6日，该厂第五条生产线开工。截止目前，正泰在欧洲拥有1个工厂，3个分公司，10个办事处，数百家战略合作伙伴和上万家用户，销售覆盖全欧洲30多个国家。2014年8月12日，浙江正泰新能源与新疆自治区招商局签署了在新疆投资100亿元发展太阳能光伏发电专案的战略合作框架协定。

正泰的光伏电站并非仅仅以上所数这些，在美国、韩国、泰国、意大利等地，都有正泰开发建设的光伏电站。而南存辉，也信心满满，在2013年，连续当选为三届全国人大代表的他，首次当选全国政协常委，当年的两会中，他即提出与新能源的发展相关的提案。关于新能源，他也有着自己的中国梦。

8年，也仅是弹指一挥间，南存辉这个曾经的"电气大王"，已经摇身一变，成为了新能源领域一颗闪闪发光的新星，新能源将承载着他的梦想，创造更多的神话。

第七章
专注专业，企业修行似人生

从爬山悟透如何做企业

在距离温州市区 100 公里远的地方，有一座美丽的雁荡山，因其秀丽的景色，吸引了来自全国各地的旅游爱好者。而对于土生土长的温州人南存辉来说，这座山更是其最爱。雁荡山上的一草一木，一水一路，对南存辉来说，都熟悉得不能再熟悉。就是这座雁荡山，见证了南存辉及正泰多年以来发展的心路历程。

在南存辉布局太阳能的时候，他又遭遇了难以想象的困境。在正泰 30 年的发展历程中，他所遭遇的困境，绝不在少数，大大小小有多少，已经数不清了。但是，每当企业面临发展关键的时候，他都会去爬山，在爬山的过程中，他似乎能找到灵感。

南存辉对爬山情有独钟，他喜欢登高远望，在他看来，只有站得高，才能望得远。他说：做企业，需要的就是这种登高望远的情怀，做企业不能像井底之蛙，如果只固守着周围那三寸之地，就永远也发现不了外面的美好世界。

在正泰发展到一个个关口的时候，当正泰处在十字路口面临艰难抉择的时候，南存辉都会来到雁荡山，独自登到山顶，从山顶俯瞰，这时才能有一种心旷神怡豁然开朗的感觉。正泰发展紧要关头每一个决策，几乎都是在这里才定下最终的基调。

南存辉认为，做企业与爬山有异曲同工之妙。爬山的时候，刚开始你有体力、有精力，所以感觉很简单；当你爬到半山腰的时候，体力渐渐不支，这个时候你就会有放弃继续攀爬的念头，但放弃又心有不甘，毕竟当初费了那么多的心力，又惦记着山顶的景色，所以还是会继续前行；而从半山腰再往上爬，才是最考验人之处，这个时候，碰到的困难越来越多，往上看，上不着天，往下看，下不着地，继续爬，有困难，原路返回，又不甘心。这个时候，需要的就是爬山者的勇气加上体力，坚持下去，你就可能到达终点，那时你才会发现，高处有不一样的风景。

从 1984 年南存辉建立求精开关厂算起，到 2014 年正泰集团已经举世闻名，30 年的发展历程中，南存辉体验了很多次"坐过山车"的感觉。回想起来，有三次大的历程，决定着企业的生死存亡。

第一次，是求精开关厂的分裂。

南存辉最初的创业，并不是单打独斗型的独立出资，创业初始，为了分散企业风险，也为了使企业更好的运行，他采用的是合伙制。与他的老同学胡成中合伙，共同创立了求精开关厂，二人各占 50%

的股份，地位平等，没有谁控制谁的说法。

这种完全平等的合伙制，有一定的优点，因为地位相当，所以没有谁老大谁老二、谁当家谁做主的说法。在企业刚创立的日子里，大家心里想的都是企业的发展，想的是如何一致对外，想的是怎么能让企业在激烈的竞争中活下来，所以，二人能抱团发展，互相磨合，互相谦让，让企业一步一步走向成熟。

而当企业成熟的时候，这种体制的缺点也自然地显现出来。我们知道，人都有一种想当老大的心理，都想自由、自主，按自己的想法去做事，不喜欢受人约束。南存辉和他的合伙人胡成中，都是个性极强之人，两个人都想当老大，谁也不想当老二，谁都想拥有绝对的主宰权。所以，当企业一切都步入正轨后，一些问题就渐渐浮出了水面。

南存辉是一个喜静之人，主张专一，不会轻易出手；而他的合伙人胡成中则喜动，喜欢热闹，愿意尝试各种新鲜事物。所以，求精开关厂走上正轨后，不用再为生存发愁的时候，两个人的性格再也不能互补，反而成为一种前行的掣肘，双方都被束缚住了手脚，痛苦也随之而来。

南存辉很痛苦，一方面，是企业的发展方向与未来，一方面，是曾经同甘共苦辛苦打拼的兄弟，是继续捆绑在一起负重前行，还是你争我斗反目成仇？

无法决策，看不清前路在哪里的时候，南存辉独自一人来到雁荡山，一步一步的爬到了山顶。在这里，他俯瞰脚下的土地，放空自己的思绪，往事一幕幕如过电影般在他脑海里浮现。这其中，有共同创业的辛苦付出，也有功成名就后不协调的音符。就是在这里，南存辉产生了和平分手的灵感。他感觉，求精开关厂正如自己刚才爬至半山腰的感觉，再往上攀登会很困难，但如果想让它滑下去，却是一件再容易不过的事。而这是谁也不愿意见到的结果，自己不想，胡成中也不会想。与其让两个人痛苦的在一起互相迎合，等待着不知道哪一天就会突然分裂，还不如切切实实的分开，自己去走自己的路，这样，对每个人来说，都是一种新生。

就是这次爬山给了南存辉思路和灵感，让求精开关厂发展了7年后分裂了。但是，多年后，中国低压电器市场上有了互争第一第二的正泰和德力西，有了乐清柳市低压电器领域民营企业的老大和老二，它们，来源于分裂的求精开关厂。

第二次，是正泰和跨国巨头施耐德之间十几年的恩怨纠葛。

南存辉与胡成中分手以后，成立了中美合资温州正泰电器有限公司。南存辉没有想到，就是这样一个刚走出困境，刚走过风雨飘摇岁月还未站稳脚跟，温州乐清柳市尚名不见经传的民营企业，却被跨国巨头施耐德盯上了。

也许是施耐德想扫平占领中国市场前进路上的障碍，也许是南存辉表现得太过低调，让施耐德产生了一种可怕的危机感。施耐德发现，正泰是一个隐性的"敌人"，而且这个"敌人"很可怕，虽然它现在还很弱小，但一旦它发展壮大起来，产生的震慑力将不可估量。所以，施耐德想到了收购正泰，施耐德觉得，这是一个最彻底的办法，只有收购了正泰，将它牢牢控制在自己的手中，才能从根本上杜绝后患，防患于未然。

令施耐德出乎意料的是，这个小小的正泰掌门人南存辉，竟然有如此大的定力，有如此大无畏的精神，因为没有达到自己预定的目标，一而再再而三地拒绝收购，拒绝合资。前后十几年三次谈判，施耐德在控股权上一再退让，由占绝对地位 80% 的股权到仅占一点优势的 51% 的股权配比，再到对等的 50% 的股权配比，南存辉依然不为所动，只因为他要坚持着自己对民族品牌的主导权，这让所向披靡的施耐德欲哭无泪。

一边谈收购的同时，施耐德也在起用另一种武器，即知识产权。他将正泰起诉到了法庭，理由是"侵犯知识产权"。施耐德也没有想到，自己再次用错了方式，也小觑了南存辉的定力和实力。南存辉见招拆招，你起诉，我应战，你撤诉，咱就继续谈判，愣是同施耐德"打"了十几年。据不完全统计，施耐德在全世界各地都起诉正泰侵权，前后竟达百次之多。

在同施耐德十几年的恩怨纠葛中，南存辉也曾疲累过。毕竟，他是有血有肉的人，不是铁打的机器。他想过放弃，想过就此停住，以此摆脱与企业家个人，与企业之间的恩恩怨怨。这个时候，南存辉想到了自己做企业如同爬山的理论，想到了自己同正泰一起成长的每一步，他告诉自己，一定要坚持下去，这样，才能无愧于人生。而就是这个坚持，让他打了一场漂亮的民族品牌保卫战，最终，乐清的民营企业正泰战胜了跨国巨头施耐德，南存辉赢了。

第三次，是正泰布局太阳能产业而遭遇滑铁卢时的痛苦转型。

自 2006 年开始布局太阳能产业，正泰及南存辉就一直处在舆论的风口浪尖，面对众人的质疑，他放弃了专业化的评论，面对正泰投资新能源的未知前景，南存辉在一个起伏不定的行业里艰难跋涉着。

太阳能产业刚投资时，正泰也迎来了让人"眼红"的开门红，南存辉接订单，接到手都发软。但随后，一年的时间不到，情况突然急转直下，国际金融危机开始爆发。而正泰太阳能也经历了大喜大悲，由刚投产时的订单积压到金融危机时的订单锐减，新上马的生产线闲置下来，南存辉似乎一下子从山顶摔到了山底。巨大的投资并没有收回成本，市场上变幻莫测的原材料价格又一路跌跌涨涨，虽然正泰太阳能背后有正泰集团强大的资金支持，但作为掌门人的南存辉依然心急如焚。当时，业内人士都说，从那一阶段南存辉厚厚的、大大的黑眼圈，就可以知道他承受着多大的压力。

太阳能产业的起伏不定让很多曾经风光一时的企业走上了破产的道路，而余下的一些企业虽然还没有破产，却也仅是在严冬般的困境中苦苦支撑，不知道自己明天发展的方向在哪里，是否还能在这个领域里占有一席之地。

轻言放弃不是南存辉的性格，但不撞南墙不回头也不是他的性格，他知道，正泰太阳能现在正在爬山，刚刚爬到半山腰，想要爬到山顶，比拼的，就是谁的体力和耐力好，同时，也需要有巧劲。

在困境之中，南存辉迈出了转型的步伐，太阳能产业由产品的生产转型到产品的研发，同时积极寻找另一种盈利模式，即建电站，卖服务。南存辉说，他不想让自己的企业折戟沉沙于半山腰，他要一直带领正泰走下去，无论经历多少风雨挫折，都要坚持到达顶峰。

不能只把水烧到 99 度

南存辉将做企业同爬山等同起来，将企业遇到的困难和人在半山腰的感觉联系起来，继续向上爬，就是一种坚持，一种坚守，一种不轻言放弃的行为和精神。而除了坚持、坚守，做企业需要的还有专注、专业。在南存辉 30 年的企业历程中，他坚持专注做电器、专业做电器，也就是他经常说的：专心致志只烧一壶水，直到把这壶水完全烧开为止。对此，南存辉进一步解释说：做企业如同烧开水。有很多时候，你已经把这壶水烧到了 99 度，只差 1 度就开了，只要你再加一把火，这壶水就会达到滚烫的 100 度。但是，你突然心血来潮，觉得那壶水更好，就把这壶搁下不烧了，而跑到那边另起炉灶。结果是，新的一壶还没烧开，原来即将烧开的那壶水也凉了。

30 年来，盘点正泰所走过的每一步路，所经历的历次转型与升级，就会发现，事实确实如此。南存辉一直在坚持着烧自己那壶水，并力争将它烧到 100 度。即便是布局新能源，也没有脱离正泰的主业——电，他始终在"电"字上做文章，在"电"上面寻找出路，这就是专注，这就是专业。

其实，我们知道，在经济领域有着非常多的诱惑。有五花八门的行业让你选择，有众多的机会在向你招手，一个成功的企业家，更容易面临这种诱惑。这些选择看似美好，实际很容易导致决策的随意性，严重者甚至断送了企业的前程。所以，在企业界，要想专注、专业，并不是那么容易的事情。

人们常说，创业容易守业难，因为最开始创业的时候，奔向的是一个明确的目标，可以心无旁骛，所以相对容易达成；而当企业成熟以后，面临的诱惑自然就多了，这个时候，人很容易放弃原来一直坚守的主业，转而投入到其他的行业，期待着有新的收获。而南存辉能做到心无杂念，一门心思往前冲，这股冲劲也不是一般人所能具备的。

从 1984 年求精开关厂创立之时算起，一个小小的电器，南存辉一卖就是 30 年，并且把它卖到了全世界。在这 30 年中，南存辉面临的诱惑绝不在少数。

第一个诱惑，是金钱。

当南存辉将企业做得风生水起时，他遭遇了创业以来最大的一次诱惑。2002 年，一家非常著名的跨国企业，提出要以正泰当时拥有的总资产的 5 倍甚至是 10 倍来收购正泰，而当时正泰的总资产是 20 亿元，10 倍就是 200 亿元人民币。

我们必须客观地、实事求是地说，南存辉是一个普通人，他不是不食人间烟火的神仙，面对 200 亿元的巨款，南存辉也犹豫过，甚至有过动摇，有过冲动，他也想要卖掉正泰，卸下满身的疲惫，拿着钱走人。这些钱，够正泰大大小小的股东生活几辈子。

卖，还是不卖？

南存辉想到了创业的历程，想到了企业风风雨雨走过的路，一路走来，他发现，似乎有比金钱更重要的东西。

南存辉想到了自己"产业报国"的理念。现在，他还没有将正泰这壶水烧到 100 度，如果现在卖掉了企业，自己可以轻松走人了，但企业的理念也就没有了。如果连载体都没有了，自己拿什么来实现"将水烧到 100 度"的目标呢，拿什么来实现产业报国的理念呢？

在一片质疑声中，在一片不理解的目光中，南存辉坚定地放弃了被跨国巨头收购的机会，心无杂念地继续烧自己那壶水。而今天，我们似乎看到了南存辉当初拒绝收购的美好成果：正泰的总资产早就超过了 200 亿元，而这才是货真价实的东西。

第二个诱惑，是名利。

活在世上的人们，受到名利的诱惑自然是难免的。常言说：人之熙熙，皆为利来；人之攘攘，皆为利往。名利有着非常巨大的诱惑力，很多人在名利面前表现出了贪欲的本性，他们各尽所能，执着的追赶着名，追赶着利，在名利场上进行你死我活的厮杀。

在投机思维盛行、追名逐利普遍的温州商圈中，南存辉也许算得上是"另类"。他一直坚守着自己的底线，拒绝外界的各种诱惑，一头扎在自己的电器里，坚持"干到底"。

当房地产业快速发展的时候，一些人盯上了其中的商机，逐渐的，在这个领域投机投资达到了高潮，南存辉身边的企业家纷纷涌入房地产市场，希望在其中分得名利，分得金钱，分得成功的体验。而南存辉则没有被这种地产热冲昏头脑，他不管房地产业的利润有多丰厚，也不管上门劝说他投资的说客有多少，他都不为所动，依然坚持做着自己的电器产品。

中国的商场上从来不缺少给你名利的机会。在温州柳市，当房地产热的狂潮渐渐退去之时，造船业又开始粉墨登场，诱惑着一批批企业家前赴后继地投入，大有舍生忘死之境界。而南存辉还是不为所动，他一直秉承着自己"不能将一壶水只烧到99度"的理论，坚持要将正泰电器这壶水烧开。

对于南存辉在名利面前的不争不抢不参与，业界人士说法不一。有人认为他"太软弱"，缺少冒险精神，凡事都求稳扎稳打，这种性格虽然"稳"，但也容易失去机会；也有人认为，南存辉是"太精明"。

南存辉不为外界的议论所影响，更不会因此去改变，看似外表温温弱弱的他，内心如钢铁一般坚强。在他的身上，有着很深的中国文化的根基，他相信多年以来中国流传下来的道理。在他的心里，

"步步为营"、"不积跬步无以成千里"这些哲理，理解得比谁都透彻。他坚持要立足于"电器"主业，每一步都要为这个主业打好基础，使它的地位无以撼动，以使它有更光明的未来。

南存辉认为，电器这壶水，对正泰来说，还没有完全烧开，还有很多可以成长的空间，他必须在这个产业内做深、做透、做精。为此，南存辉给正泰定下的规矩是：跟主业不搭边的行业不做。

也有一些人，主动把橄榄枝抛向他。有商家主动找到南存辉，说，我给你提供资金，你去炒地皮、盖房子吧；还有商家对南存辉说，你去大胆干吧，我给你零成本的土地。这些诱惑都没能打动南存辉。

南存辉早期的合伙人胡成中，没有放弃近在眼前的机会，风风火火地开始搞多元化经营，开始涉足房地产等领域。这时候，有人对南存辉说：你们是曾经的合作伙伴，现在的对手，你们明里暗里也时刻在竞争着，现在他去开辟新的发展道路了，你也不能落后，趁早赶上吧。人们说，南存辉还能不为所动，继续"卖"他的低压电器产品么？

不管别人如何议论，如何劝说，南存辉依然每天早出晚归的上班下班，谋划着公司未来发展的前景。正是凭着这份坚持，这份坚守，这份执著，正泰集团的路越走越宽，发展越来越有底气，目前，已经成为同行业中全球最具竞争力的企业之一。

海尔集团首席执行官张瑞敏谈到海尔集团的成功经验时，只是简单地表示："我只看到我的目标。"这是一种专注。正泰集团董事长南存辉谈到正泰取得的成功经验时，说：不能只把水烧到 99 度。这也是一种专注。

正因为专注，海尔才成为世界名牌；正因为专注，正泰才成就了今天的伟业。

专注核心，同心多元化

一定程度上，南存辉是个淡定自若的人，在别人都奔向多元化的时候，他能不为所动，坚守自己的主业。在诱惑面前，他不为所动，坚持烧好自己那壶水，并最终把水烧得滚沸。

对一个目光长远的企业家来说，所经营的企业产业定位和产业升级，是他们无法回避也不能回避的问题。在南存辉的内心深处，也有一次无法忘怀的经历。20世纪90年代中期，在选择产业"多元化"和"专业化"的问题上，他也有过英雄断臂之痛。

上世纪90年代中期，一股多元化风潮开始"袭击"中国商业界。位于东南沿海的浙江温州，自然也没有避开这股风潮，而且因为温州人敢于冒险、敢于尝试新鲜事物的精神，这股风潮刮得更猛烈。

在这股风潮面前，一些企业家"沦陷"了，他们争先恐后地开辟新领域：做皮鞋的，开始投资电器；做电器的，开始涉足房地产，大家信心满满地想做大自己的"盘子"。当时，一种观点认为，多元化经营是规避企业风险的不二法则。人，总不能在一颗树上吊死吧。只有在多个领域都有投资，在一种产业遇到风险时，另一种产业还可以继续发展，也就是所谓的"东方不亮西方亮"。

在这股多元化风潮面前，南存辉也开始动心了，他尝试着变换一种思路。但是，天生谨慎的性格，让他时刻保持着冷静和理智，他没有飞蛾扑火般的完全投入其中，而是一点一点的尝试。他尝试着开办了制衣公司、物资公司、饮用水公司，后来还在北京中关村尝试投资IT行业。但是，因为不是主业，又没有太多的精力投入其中，这些尝试效果都不如人意。然而，就是这短暂的尝试，让南存辉看到了其中潜在的风险，人的精力是有限的，如果触角伸得太远、太广，一旦发生风险，想要往回收已经来不及。

短暂的尝试过后，南存辉显示出了他做企业的睿智。他果断地收起多元化经营的念头，开始一心一意做电器。他的战略思路是：将电气制造业作为正泰的主攻产业，要全力保证电气制造业的发展，放弃与主业无关的产业，在加固原有产业的基础上，同时向中、高压、智能化电器方向发展，不断推进产业升级。而此战略一确定，就是几十年，从此以后，任何的诱惑都没有改变他的心境。

目前的正泰，已经是中国同行业中最大的一家电器制造企业，对于成功经验的总结，南存辉认为，这一切主要得益于专业化。"几十年如一日，我们做精、做专、做好、做强，在众多的诱惑面前，耐得住寂寞，经得住诱惑，这是我们成功的一个根本原因。"

当然，专注，并不等于盲目排外，并不是拒绝接受新事物。南存辉所说的不能只把水烧到 99 度，并不是说一生都要只烧一壶水。而是要先把一壶水烧开，烧到 100 度，再去烧另外一壶水。如果水已经烧得滚沸了，你还是继续烧，那不仅没有意义，甚至还会适得其反。做企业多年，南存辉深知这一点。所以，在主业已经做大、做强的时候，他心里也有了新的打算，开始着手烧另一壶水，谋划新的布局，

企业选择什么样的发展道路，未来发展的方向在哪里，不是企业领头人凭空想象的，也不是依靠三分钟热血就能实现的，谋划企

业的新布局，必须根据企业现有的资源优势和企业掌门人的驾驭能力来确定。南存辉认为，正泰的主业是"电"，所以，必须在"电"上作文章。

经过酝酿、分析、论证，做好多项相关的准备后，2006年，南存辉迈出了多元化经营的第一步，在浙江杭州成立正泰太阳能科技有限公司。此举在业界引起一片哗然，人们诧异的同时也在惊呼：南存辉坚持了20多年的专业化道路，现在被放弃了。而对于外界的质疑，南存辉则强调，正泰布局太阳能产业，并没有脱离正泰的主业"电"。所以，正泰的多元化，与惯常的多元化不同。正泰的多元化，是始终围绕正泰的主业"电"在做，这是"同心多元化"。

什么是企业的同心多元化？普遍给出的解释是：是指企业利用原有的技术、特长、经验，及各种优势资源，面对新市场、新客户增加新业务，制造与原产品用途不同的新产品，扩大现有业务经营范围。如电脑制造商制造电脑，同时也制造手机等电子产品。在商业界，同心多元化战略有利于企业利用原有优势来获得融合优势。

在商业界，也有一些采用"同心多元化"的企业，比如本田公司，其多元化战略就一直围绕着核心技术即发动机而展开，属于典型的同心多元化。在向新领域扩展的同时，本田始终不忘记做强做大自己的主业，这也使它在市场上占据了制高点。再比如拓邦股份，它以电磁炉、微波炉等传统家电控制器起家，2007年上市，公司确立了同心多元化的策略，专注于电子智能控制这个中心，积极开展有限相关的多元化经营。经过几年的努力，已初见成效。

正泰的同心多元化，其"心"就是正泰的主业"电"。南存辉最想学习的就是通用，作为一家百年企业，它能把每个产品做好、做精、做专、做细，当企业成长了之后，通过资本运作和自身的产业服务，构造起完整的价值链，这也是南存辉最想学习的地方。他也想把正泰打造成百年老店。

正泰的主业是电气，所以，一定要打造一条完整的产业链，包括配套服务。南存辉认为，正泰要么走专业化道路，要么实行有选择的"同心多元化"。要么不做，做了就要做到最精、最好、最有竞争力，这样才能更好的带动主业，主业是他任何时候都不想也不会放弃的，他要以主业促进多元，以多元辅助主业。

进军太阳能，正是正泰开始同心多元之旅的首站。正泰太阳能的使命，是专注于尖端光伏产品的研发与生产，主要生产薄膜太阳能电池，同时为客户提供单晶电池组件、多晶电池组件，以及"非晶/微晶"高效薄膜电池组件。南存辉看中的，恰恰是太阳能的无限前景，这也是一种绿色产业。南存辉希望，正泰太阳能要通过更多的科技创新，推动光伏产业的发展，"让世界共享太阳的光芒"！

正泰进军太阳能的时候，正是国家开始大力提倡发展新兴产业之时，太阳能作为一种新兴产业，它的潜力有多大，它的开发前景有多大，谁也无法预料。但可以肯定的是，它的前景，至少不会太差。

而刚刚投产时的事实确实如此，南存辉凭借着多年的信誉，正泰太阳能刚上马，全国各地包括国际上的订单，就如同雪花片一样飞来。很多人因此佩服南存辉，他走棋，走得总是比别人快一步。当然，比别人快一步，也许会抢占先机，但是，这并不代表先走一步就可以一切顺顺利利，一路无所障碍的前行。多元化刚起步不久，国际金融危机就开始爆发，很多国家为了保护本国企业的利益，开始限制进口光伏产品。正泰太阳能最落魄的时候，是生产线和员工都到位了，订单却没有了。在国际国内的多重压力下，一些企业支撑不下去了，走上了破产重组的道路。那段时间，南存辉整晚整晚都睡不着觉，做梦都在想着如何能带领企业冲出困境。

在南存辉那里，办法总比困难多，深思熟虑后，他再次扩展太阳能的相关产业，这次，他瞄准的是清洁能源，他要建电站，收电费，由卖产品转向卖服务。

南存辉看准的机遇，是当今社会非常重视的可持续发展问题，从沿海到内地，从城市到农村，从企业到社会，都在坚韧不拔地探寻"绿色经济"发展壮大的新路径。而在清洁能源领域里投资，一方面，是化解太阳能企业的风险和压力，另一方面，也是为了更好的打造同心多元化。这次，付出在一点点的获得回报，正泰建电站、卖服务的方式开始得到认可，正泰的发展又找到了一种赢利模式。

无论是当初的低压电器，还是现在的太阳能新能源，正泰的主业始终都未脱离"电"的核心。由电器制造者到电气供应商，南存辉围绕着一个"心"，画了几个完美的圆。

舍得的智慧，得失的修行

南存辉给正泰划了一个既定的目标，那就是把正泰做成百年老店，实行自己产业报国的雄心。为此，他专心致志地烧好电器那壶水，并将它烧到了100度，烧得滚开。一壶水烧开后，他没有等水冷却后再重新开烧，而是选择了去烧另外一壶水。

在将水烧到100度的过程中，前行路上的风景也会时时诱惑你，如果你选择坚持原定目标不动摇，那就要舍弃一些东西，舍得之间，考验着一个人的智慧和耐力。

有人说，人生就是一种修行，南存辉也常说，做企业也是一种修行。修行，通俗一点的解释就是，找出自己错误的行为并进行修正，使自己达到最完美的境界，并且对他人有所帮助。佛说：修行是走一条路，一条通往我们内心最深远处的路。而在这条路的尽头，我们可以找到一种智慧，这种智慧能够让我们了解到生命的真谛。

南存辉说："做生意要一步一步来，要遵循规律；办企业的过程也是一个修炼的过程，赚钱第一，但不是唯一。"在他的眼中，做企业就是一种修行，一步一步，靠的是积淀，靠的是良好的心态，靠的是专心做好每一件事。从1984年求精开关厂成立算起，南存辉已经做了30年企业，如果再往前延伸，从他16岁经营自己的电器柜台算起，已经整整有35年的时间了。35年，南存辉在经营上的持续成功一定有其坚实的管理基础，他的成功不是巧合的成功，也不是不可持续的成功，从中，我们可见其管理的精髓。

作企业多年，南存辉有过坚守，也有过放弃，他坚守着自己的发展理念，放弃与主业无关的东西，他非常推崇一句话就是：舍得，舍得，有舍，才有得。在南存辉35年的企业经历中，他舍弃了很多东西，却也得到了更多东西。至于有舍有得的例子，无法用语言来一一描述，恐怕南存辉自己也盘点不清，到底有多少。但是，几次重大的影响着企业发展的经历，是那么深地铭刻在他记忆深处。

他舍弃股权，换来企业的大发展。

中美合资温州正泰电器有限公司最初成立的时候，南存辉虽然引进了外资，但外资却不占有股份，他自己百分百控股。不久，他就吸收了弟弟、妹夫等直系亲属的投资，让其加入正泰，并分给他们一部分股权。

吸收亲人后不久，南存辉又吸引了一部分南氏家族的成员加入正泰，让他们也成为公司的股东。对于家族观念很强的人来说，家族的利益也是至关重要的，一笔写不出两个"南"字，既然都是一家，一个祖先，那这个利益分享也不为过。几年以后，南存辉再次稀释股权，这一次，他没有将股权分给自己的直系亲人，也没有分给南氏家族的成员，他分给的，是完完全全与南氏家庭不挂边的人，这些人是企业的员工或管理者，但是在此之前，他们与企业没有任何股权关系，与企业只是单纯的雇佣关系。

南存辉把几千万元甚至于几亿元的财富分给他们，图的是什么呢？当然，南存辉肯定是"有所图"的，他图的，是这些人的技术、知识、财富，在南存辉看来，这才是企业发展的后劲。

"我的股份比例降的越低，我的动力就越大，我的股份稀释的越少，我的发展后劲就越足。"南存辉舍弃了自己的股权，舍弃了自己的财富，得到的是企业员工的万众归心，是企业更大的发展前景。

他舍弃企业上市路演机会，换来自身修为的提高。

企业上市，是很多企业家孜孜不倦的追求。上市是金钱增长的游戏，更是企业实力的体现。正泰发展了多年以后，南存辉也希望在证券交易所的大屏幕上，有一天能闪现正泰的名字。然而，做了多年的准备，在那一天即将来临的时候，南存辉却主动申请推迟原定的路演答辩，原因只是为了听国学大师南怀瑾亲自主持的"禅修"课业。

那是在 2009 年，准备了多年的正泰电器即将上市，作为董事长的南存辉已经忙得焦头烂额，公司上市前，有太多需要准备的东西，很多事情，都需要他亲力亲为。12 月份，相关工作已准备就绪，证监会通知南存辉一周内到北京进行发审会答辩。恰在这个时候，南存辉接到恩师南怀瑾打来的电话，让他参加自己在太湖学堂举行的"南禅七日"的开课，时间为一周。在电话里，南怀瑾先生特别要求，在这 7 天，要与外界断绝一切关系，潜心静修，手机不能接，更不能打，不能会客，更不能请假。同时又千叮咛万嘱咐："做不到，不用来。"

怎么办？南存辉也犹豫了。

为了正泰电器的上市，董事会班子成员包括全体员工已经期盼了许久，也准备了许久，如果错过上市路演答辩的机会，正泰的上市可能就会受到影响，而另一方面，证监会也没有请假的先例。

如果不去听课，这次机会又很难得，而且南怀瑾先生当时已是 90 岁高龄，这样的机会以后未必能再有了。

这两个同期而至又互相冲突的事件，南存辉做了一个出人意料的决定：去听南老的课程，向证监会请假，推迟答辩日期。

南存辉向董事会进行汇报，并说明了原因，南怀瑾老先生已经 90 高龄了，这样集中授课的机会恐怕不会再有了，这次课如果错过，会是一个遗憾。假如公司错过了上市，却还有很多机会。董事会成员都知道，他们的董事长南存辉是一个自律之人，所以，对于他的选择，大家一致同意，没有一个人提出反对。而当南存辉向证监会请假时，有关负责人则大吃一惊：别人都是排着队抢着上市，你却申请推迟？继而，他又开始对南存辉佩服得五体投地，给南存辉开了请假的先例。

在听课的 7 天时间里，南存辉将公司所有事情都委托出去，自己则心无旁骛，静心学习。对此，南存辉的理由是：人生是一种修行，做企业也是一种修行，一个企业成长的过程，也是一个修行的过程。企业家对人生的感悟不断加深，企业也才能获得不断的动力，进而获得品质的提升，在这一点上，他参加南怀瑾的课程，得比舍要多得多。

而事实是，7天课程结束，南存辉马上赶到北京，参加了答辩，而正泰也终于如期上市，并在上市当天取得开门红。

做企业是为了赚钱，但南存辉并不看重金钱，他说：物质财富不会是永恒的，对它的追求不能无止境，要适可而止。但精神，却能够互相感染，代代相传。所以，企业家做企业的时候，要用修行的心态，积极营造良好的发展氛围。不要太计较得失，有时候，得到一种东西的同时可能也失去了另一种东西。所以，要多坚守，多付出，在实现自身价值的同时，争取实现一个企业的发展，进而实现一个行业的健康发展。

第八章

散财聚才，正泰阔步改革当先

家族融资，首次"稀释"股权

可以说，南存辉是一个把舍得之道理解得非常透彻的人，他不会一味的去追求"得到"，适当的时候，他会选择"舍弃"，实际上，舍得之道中，蕴含着非常高的境界。对此，他有很深的感悟。

在中国的商业界，南存辉算得上是为数不多的一个"另类"。在大大小小的数不清的企业中，企业的掌门人普遍都有一种心理，那就是希望自己拥有对企业的绝对控制权。企业是我自己的，挣多挣少也是我自己的，没有太多的烦心事，不用被别人的思想所左右，也完全没有束缚。不用考虑其他人的观点。

1991 年，南存辉与合作了 7 年的胡成中走向了分手的道路，分手后，南存辉拿着分到的 100 万元，开始思考何去何从的问题。

100 万元如果投资一个大些的企业，肯定是不够用的，南存辉想到了融资，他把目光瞄向了家人。

黄李益，旅美华侨，南存辉的妻兄。在南存辉从求精开关厂分离出来之时，恰逢妻兄也在中国市场上寻找投资的机会。当时，黄李益拼命的劝说南存辉，希望他能同自己去美国做生意，开拓美国市场。而南存辉，则千方百计想拉动黄李益投资，他要在中国，在温州的柳市，建立起自己更大的事业版图。最后，南存辉胜了，他没有随黄李益去美国，而是成功拿到了黄李益给自己的 25 万美元的投资。

1991 年 11 月 22 日，中美合资温州正泰电器有限公司正式成立。这也是乐清市由乐清籍侨胞投资的第一家中外合资企业。这个合资企业有些特殊，说它特殊，是从股权方面来说。尽管黄李益投入了 25 万美元，却没占有公司的一点股份。从这个意义上说，南存辉是绝对的而且是唯一的股东，黄李益的投资是扶持或是借款。

公司刚一成立，南存辉就将弟弟南存飞、妹夫吴炳池、外甥朱信敏、远房亲戚林黎明四人揽入正泰，让他们成为正泰的正式股东。南存辉拥有公司 60% 的股份，而其他四个家庭成员共占股 40%。

这次，南存辉尽管也采取了合作建厂的方式，但与第一次同胡成中合作建厂不同，求精开关厂成立之时，双方是各自出资 50%，地位相当，没有谁服从谁的说法。而这次合作建厂，南存辉拥有绝对的控股权，60% 的股权让他理所当然地处于"老大"的位置。

中国商业界向来不缺少风言风雨，更不缺少你争我夺你猜我瞒的故事。而在小如弹丸之地的柳市，风声向来传得最快。

对于这个合资企业的建立及南存辉引入家庭成员分散股权之说，

市井间流传多个版本。有人说，这是南存辉精明的表现，让出股权也让出了风险，这样大家才能心往一处想，劲往一处使，做大做强企业；也有人说，这是南存辉不得已而为之。因为公司刚成立，到处都需要钱，南存辉这是投其所好，满足他们投资的欲望，同时，给他们股份，才能让他们把企业当作"家"，像经营自己的家庭一样来经营企业，企业才能有更大的发展空间。

对于外面流传的争议与猜测，南存辉并不在意，他甚至没有时间去想这些流言，在他的心里，此次合资及引入几个家庭成员作股东，对刚刚成立的正泰而言，有着非凡的战略意义。

20 世纪 90 年代初期，在柳市的低压电器市场上，发展前景并非那么明朗，假冒伪劣产品遗留下来的"病根"还没有完全拔除。上千家低压电器生产厂家还处在无序竞争中，市场还非常混乱。

刚刚成立的正泰还是一个幼小的婴儿，尚在襁褓中，正是需要供给营养的时候。而在柳市残酷的低压电器市场竞争中，弱肉强食是一贯的规律，要想让正泰健康茁壮地成长，必须给它精心呵护，它才能长大。所以，南存辉必须铺好这个盘子。

从另一个角度说，正泰的成立及引入家族资本，也给了南存辉一个实践自己商业理想的机会。在同胡成中经营求精开关厂时，南存辉接触到国内很多优秀的企业家，其中一些人给他很大的触动，他经常在夜深人静的时候，反反复复问自己：如果让我来独立运作一个企业，我会做到什么程度呢？

此次单独出来运作企业，成立正泰公司，从一个方面说，是南存辉与胡成中分手之后的"较劲"，毕竟二人当初曾一同合作办企业，分手以后谁也不想输给谁，都想从气势上压倒对方，胜过对方；

从另一个方面说，正泰的成立恰恰给了南存辉实践自己"做大企业"的机会，他不能做那种只顾一时赚钱不顾长远发展的有如昙花一现的企业，他要把正泰打造成百年基业。

招四个家庭成员入股，这在南存辉看来，远远不够，他又把目光扫向了其他族人。

在柳市，南氏家族是一个比较大的家族，家族中有很多人在全国跑电器销售，积累了不少成熟的电器销售经验。其中还有不少人开办了"前店后坊"式的低压电器厂，有一定的生产和管理经验，南存辉看中的，恰恰是他们的销售能力和管理能力。南存辉又从这些家族成员中，招募了5人入股正泰，加上原来入股的四位亲属，南存辉有了9个合伙人，而这9个合伙人全部来自南氏家族。

于是，成立初始的正泰，就出现了这样一种情况：以家族成员为核心组建了企业管理层。他们既是打工者，也是经营者，同时还是所有者。因为他们都拥有正泰的股份，虽然他们没有工资，但他们干得热火朝天，工作得兢兢业业。因为他们有股权，年终会根据股份分红，只有企业发展得越红火，个人才能得到越多的财富。所以，大家齐心协力，想的都是如何把企业做好，让企业更好的运行。

吸引家族成员入股，企业的规模进一步壮大了，南存辉的股份则进一步下降，他用家族完全把自己"稀释"了。正泰，同很多温州民营企业一样，成为了一个不折不扣的家族企业。

利用招募到的南氏家族的资本，南存辉开始了自己的初步扩张之路。正泰的一座座厂房拔地而起，一批批先进的设备开始运进厂房，一件件经过严格检验的产品开始发往全国各地，正泰的第一座办公大楼也已经竣工，并开始投入使用。

树品牌众企联合，次降股稳固集团

正泰成立后，南存辉并没有按照自己独资的方式走下去，此时，他的内心已经不满足于"小打小闹"了。对于企业的发展，他有更大的谋划。用家族成员来稀释自己的股份，只是南存辉迈出的第一步，他不会也不可能停留在这一步，他还有更大的想法。

品牌，对一个企业来说，是掌控着企业生死的生命线。企业如果能拥有一个响亮的品牌，就能在激烈的市场竞争中脱颖而出，一帆风顺永往直前；如果一个企业的产品在市场上没有自己的品牌，那就只能维持现状，吃不饱饿不死地活着；如果一个企业在市场上口碑不好，那这个企业距离破产或者倒闭的日子也就不远了。

就在一些企业品牌意识逐渐苏醒时，南存辉麾下的正泰品牌已经在全国开始叫响，而响亮的品牌带来的是一连串的连锁效应。在柳市，一些在困惑中有满腔抱负却苦于没有过硬品牌的企业，如一匹匹饥饿的狼，睁大着眼睛，四处寻找着机会，这时，他们发现了身边还有正泰这个在全国都叫得比较响亮的品牌。于是，正泰开始成了一块人人争相蚕食的"肥肉"，大家都想从它这里分得一块，助力自己成长。

一时之间，南存辉的身边被众人包围了。有人直接上门拜访，希望能加盟正泰；有人托关系找到南存辉，希望能贴牌生产正泰的产品；更有人在南存辉家门口守了一天，只为能见到他，同他商谈一下合作事宜。而这一切，都源于正泰有一个响亮的品牌。

实际上，早在这些人寻求同正泰合作的门路之前，南存辉就已经开始寻求正泰自身的转变了。

南存辉是一个忧患意识很强的人，他不会因为取得的一点点成绩而沾沾自喜，或者就此驻足不前。虽然正泰已在国内打响了自己的品牌，但南存辉并不满意，他认为，靠利润增长来发展企业，不知要等到何年何月才能做到同行业龙头老大的位置。而自己的志向不只是同行业的品牌，他要做的，是中国的品牌，是世界的品牌。

要实现自己的目标，仅靠目前的规模是无法实现的，他需要新的发动机，来给他的企业充电，带动企业的发展，让他的企业永远保持旺盛的生命力，保持顽强的进取力。

这些找上门的企业，恰恰带给了南存辉灵感，他要用好正泰这张诱人的"牌"，利用自己的优势迅速壮大正泰的实力，达到他心目中的又一个目标。

南存辉决定和这些电器企业合作，让他们贴牌生产正泰的产品，经过正泰的检测，产品合格后发往全国各地销售。这是一个双赢的举措，对正泰来说，这些企业使用正泰的品牌，要交给正泰1%的品牌使用费，同时也要交纳一定的管理费，这有助于正泰的快速扩张。而对这些企业来说，则可以依靠正泰的品牌，让自己最大程度的获利，在低压电器市场有立足之地。

当然，对于合作者，他有自己的选择标准。合作企业资产要比较雄厚，产品质量要过关，要有强烈的合作意愿，只有这样，双方的合作才能长久。

越来越多的企业找到正泰，和正泰合作，并和正泰一起走上了联合扩张之路。1994年初，正泰的合作企业已达到48家。而加盟正泰的企业，也并不是终身制的，南存辉实行的，是优胜劣汰机制。在他看来，终身制的弊端很大，容易滋生加盟企业的"骄傲感"和

"满足感"，没有危机感，缺少冲劲，这样必然不利于正泰集团的健康成长。必须形成一个优胜劣汰的机制，真正让能者上弱者下，让正泰集团在激烈的市场竞争中立于不败之地。

优胜劣汰的机制在正泰与其他工厂的合作之初，效果比较明显。

柳市镇泰华公司，是一家继电器生产厂家，自身有着很好的基础，却苦于没有过硬的品牌，还没有打开市场，无法将公司发展壮大。南存辉看中了这家企业潜在的实力，认为这家公司只要管理能跟得上，一定有很大的前途。两家老板坐下来一谈，当即达成合约，泰华公司成为正泰的持股公司。几年后，泰华公司的产值就由合作前的 100 万元变为亿元。

柳市镇另一家比较大的电器生产企业，也曾加盟了正泰集团，但合作一年后，南存辉就发现，这个企业的负责人性格过于软弱，拖沓，发展思路也很落后，缺少创新性。正泰大规模的发展思路，这个企业总是无法跟上。无奈之下，南存辉只得放弃了与这家企业的合作。

1994 年 2 月，南存辉联合这些合作的企业，成立正泰集团。南存辉想用这种模式，走资本扩张、兼并扩张的道路，以发展壮大自己。

企业的发展并不是一帆风顺的，它总是要经历各种挫折，然后才能成长，这其中，需要的是企业掌门人睿智、沉静的思想，更需要荣辱不惊、岿然不动的定力。

1994 年正泰集团成立时，企业的产值达到了 5000 万元。然而，一些与正泰规模相当的企业并不看好正泰的扩张，他们认为南存辉过于"冒进"，后面的戏不好收场。

这些企业的怀疑没有错。正泰在获得发展动力的同时，负面效应也不可避免地突显出来。集团的运行确实存在"集而不团"的苗头，表面上是一个集团，但实际上大家的心并没有团结在一起。在各自利益的驱使下，一些加盟的企业开始各自为战，不按规矩出牌，破坏游戏规则。市场上，同类产品有数家正泰的子公司同时生产且同时互相展开竞争；一些企业为正泰贴牌生产的同时，也私自将自己的产品悄悄地贴上正泰的牌子，正泰的市场受到了严重挤压，罕有的混乱局面让南存辉倍感头疼。

坐下来冷静回望，寻找产生这一切的原因时，南存辉明白了，根源在于这个集团是个松散型组织。因为双方不涉及资金的合作，很多加盟的企业都是正泰的贴牌生产企业，他们都是独立的法人，有自己独立的地位。他们有一定的生产能力，他们看中的，只是利用正泰的牌子，给自己带来效益，带来利润。所以，在利益的驱使下，这些企业不再遵守游戏规则。

怎么办？有问题，就一个一个去解决，有难点，就一个一个去突破。

1996 年，为改变这种混乱的局面，南存辉再次出手，用起了"狠招"，他给加盟企业两条路，让其自由选择。第一条，集团控股，加盟企业不再具有独立的法人资格，而是成为集团的股东，由集团统一管理，以后有成果大家分、有风险大家扛。二是与集团脱钩，从此路归路桥归桥再无瓜葛。

这对南存辉来说，也是一个极大的挑战。如果大家都选择与集团脱钩，那正泰集团也就名存实亡了。如果大家都选择由集团控股，那南氏家族的股权必须稀释。无论哪种选择，对南存辉来说，都是一个考验。

南存辉的做法是：加强自己独立法人的地位，有独立法人资格的企业取消法人资格，以保证自己的绝对控制权，同时健全股东大会、监事会和董事会，以切实发挥其职能。对于所有权和经营权掺杂在一起的现象，南存辉实行了所有权和经营权的分离。自己让出一定的股份，使加盟企业成为股东，真正提升他们的管理能力及责任感。

这次的股权改造，被称为正泰历史上的"第二次革命"，也有人说南存辉是"革自己的命"。因为这次股权改造后，正泰的股东一下子增加到40多人，而南存辉的股份则再一次被稀释了。

但是，效果是显而易见的，至1998年，正泰集团已初步形成了低压电器、输配电设备、仪器仪表、通信电器、汽车电器、建筑电器几大支柱产业，资产已达8亿元。

家族企业并不是正泰发展的终极目标，南存辉也不会将步伐停止在家族企业这一层面上，他的谋划远不是成立一个家族企业这么简单，虽然经过两次稀释股权，南存辉的股份下降了很多，但是，他依然是正泰最大的股东。

扶持"知本"，三降股吸纳人才

熟悉南存辉的人都知道，虽然经过了两次股权改造，正泰获得了极大的发展动力，也向前跨出了一大步，但南存辉不会就此止步，只是，前行的他还会有什么大动作呢？

我们先将时针拨到2010年1月21日，农历腊月初七。上海，正是最寒冷的季节，虽然平均温度不过零下3度，虽然属于北亚热带季风性气候，但因为临海较近，刮过来的风夹带着海洋的湿气，还是让人们感觉到一种深刺骨髓的寒冷。

位于上海浦东新区的上海证券交易所内，依然一如往日的人头攒动，在这里，人们感觉不到外面的寒冷，竞相追逐着财富，随着大屏幕上一串串数字的滚动变化，人们在这里体验着酸甜苦辣，上演着人生百态。

上午9时28分，时任浙江省副省长金德水和浙江正泰电器股份有限公司董事长南存辉出席了在这里举行的正泰电器上市仪式，两人一起敲响了开市锣，这标志着有着多年发展历程的正泰，在这里正式挂牌上市。

从证券交易所的显示屏上，可以看到，正泰电器的开盘价为26.51元，随后一路上扬走高，最高冲到近30元，开盘当天，最后以28.83元收盘。至此，南存辉因持有正泰集团的2.38亿股，身价达到了69亿元。而这一天，在正泰集团内部，也诞生了40多个千万级富翁，几百个百万级富翁。更确切一点儿说，是诞生了很多个"知本富翁"。

何谓知本富翁？

"知本"是与"资本"相对的概念，"知本"中，"知"意为知识，"本"意为根本。以前，人们普遍的说法是，资本代表着金钱，因为有了资本，才有可能成为富翁。而今，"知本"开始取代"资本"的概念，意思是知识也能创造财富了，知识取代了资本的地位，成为"本"了。

而在正泰，众多"知本富翁"的产生，源于南存辉的股权改造、稀释之路。

正泰刚成立时，南存辉释放了个人股权，吸收家族成员入股，正泰获得了发展的动力；1998年，正泰又完成了形式上由"家族企业"向"集团企业"的过渡。经过两次股权革命，吸收了优秀企业加入，在规模上，正泰达到了一个很多电器企业难以企及的高度。但从本质上讲，正泰还是一个家族企业，依然保留着浓厚的家族气息，南氏家族依然掌握着整个企业的核心权力，控制着企业发展的命脉。

渐渐地，南存辉也发现了正泰的致命弱点：一些家族成员守着自己的利益，无法敞开胸怀，吸纳和利用外来的优秀人才，他们害怕失去自己的地位。而在企业的发展中，优秀人才是第一重要的资源。长期这样发展下去，企业必将丧失发展的动力，进而丧失生命力。思虑再三，为了留住人才，实现正泰的可持续发展，南存辉决定再次对股权进行改革，这次，他瞄准的是南氏家族的股份，用别人的话说，他要"革家族的命"。

第一次释放股权容易，因为那是南存辉在"革自己的命"，针对的是个人，涉及的是个人利益。而这次，他则是拿家族成员"动刀"，要"革家族的命"。这一步，当然是有些艰难的，因为涉及到的人数众多，谁也不愿意轻易失去自己的核心利益，所以，在推进过程中，南存辉也遇到了不少阻力。

自家族成员入股以来，南氏家族的股份主要集中在低压电器部分，这是正泰的起家产品，也是正泰集团的核心。南存辉决定拿出这部分进行股份制改造。他的想法是：要么不改，改就要改得彻底，要把家族最核心的利益让出来，这种改造不是应付员工的"走过场"，而是要让相应的人才得到真真正正的实惠。唯有这样，才能吸引人才，让他们发挥自己应有的效用，正泰才能有更美好的明天。

这一次，南存辉的股权配送制度针对的不再是资本，而是能带来资本的另一种"知本"。他要将这些股权配送给公司最优秀的人才。只要你有管理才能，你就可以入股；只要你有技术，你也可以入股；只要你有经营理念，当然也欢迎你入股。南存辉把这称之为"要素入股"。

南存辉说，这些人才能给公司带来巨大的发展动力，他要通过这种方式，为正泰的产品研发、销售、经营吸引大量的科技人才、销售人才和管理人才，以助力他将正泰打造成百年基业。

对于南存辉的这一做法，南氏家族内部有人不赞同，在他们的内心深处，现在企业发展已经很好了，势头也很旺盛，资本不断扩张，利润不断增加，企业前景也比较看好，为什么要让陌生人来分享正泰这顿好不容易才做出来的大餐呢？在他们看来，推行股权配送制度，就是把自己辛苦打下的"江山"送给了不相关的人。

当然，南氏家族持反对意见的呼声，并非完全没有道理。对于民营企业来说，谁都想做唯一的老板，成为唯一的股东，大家都拼命地尽量多的自己占有股份，或者让家族成员占有股份，以维持对企业的绝对控制权。毕竟，中国有一俗话，"肥水不流外人田"。

为了制止南存辉的股权配送行为，一些不理解这种做法的家族中人开始想方设法的阻止他。他们先是直接到南存辉的办公室，苦口婆心的劝说。看到没有效果，他们又跑到南存辉的父亲那里，给南父吹风，反对南存辉弱化家族的股权，他们的理由是：不能让外人占去了家族成员的利益。他们希望南父能提出反对意见，因为南存辉是孝子。

当然，这些人没能说动南存辉的同时，也没能说动南存辉的父亲，开明的父亲南祥希告诉持反对意见的家族成员：儿子的事，只要他认为是对的，自己这个当父亲的就不会去干涉。

有了父亲的支持，南存辉心里有底了，他义无反顾地开始推行改革。对于持反对意见的家族成员，南存辉给他们自由选择的权利：第一，你可以选择退股，如果你退股了，钱马上清算完毕返还给你，不会少你一分一厘。甚至于在当时，公司的会计人员已经抱着厚厚的账本等在那里，如果有谁选择退股，马上就可以清算。第二，你可以选择让出部分股权，虽然占有的股份少了，但在利益上，绝对不会让你们吃亏，随着正泰的发展，还会带来比现在更多的收益，也就是说，虽然推行股权改造，但以后的收益绝对不会比现在少。

在权衡了利弊之后，反对的声音偃旗息鼓了，南存辉开始大刀阔斧的改革。

南存辉的这一做法，在正泰集团内部掀起了一股不小的风潮，一时之间，申请入股的人几乎踏破了总裁办公室的门槛。他们中有管理人才，有技术人才，有销售人才，他们在诉说着自己能给公司带来何种效益的同时，也让南存辉看到了正泰更加美好的未来。

经过一轮又一轮的筛选、甄别，经过一次又一次的讨论、磨合，相应的人才站到了相应的位置，他们切切实实成为了公司的主人，他们拿到了额度不等的股权。也就是说，从现在开始，他们拿到的不再是固定的工资，公司发展得好坏不再是与他们关联不大的事情，因为有着股权的激励，公司发展了，带来的将是个人收益的提高，这些优秀的人才也确确实实有了当家作主的感觉。公司有美好的发展前景，个人才有发展；而个人的发展，也将促进公司的发展。南存辉说，在这次股权改造中，没有输家，都是赢家。

经过这次股权改造，正泰的股东成倍增长，由原来的40多人增加到100多人。而整个南氏家族的股权也整体下降，南存辉个人的股权也降到了20%。

当然，南存辉并不在意自己的股权有多少，但他也有自己的底线，无论自己占股多少，其第一大股东的地位绝不能动摇。

虽然股权下降，但企业却在飞速发展。2010年，南存辉领导的正泰电器成功上市，已经是对他几次股权改革的最好注解。

正泰仍在路上，革命还将继续

稀释自己的股权，吸引家族成员入股；二次稀释自己的股权，吸纳加盟企业入股；稀释家族成员的股权，让技术人才、管理人才等"知本"入股，这对正泰整合资源、引进人才、提高管理等各方面都起到了非常重要的作用。经过三次股权改造，正泰获得了发展的动力，开始阔步走向前方。

然而，"不安分"的南存辉并不满足于已经取得的成绩，在他的心中，仅仅释放股权是不够的，他要将企业打造成一个极具前景的现代企业，所以，必须进行产权制度改革。

正泰总部所在的温州柳市，是一个传奇的城镇。有人形容过，如果你在温州，不小心撞到了10个人，其中有9个人都是老板。此话虽然有夸张的成分，但也足以说明了温州人的创业意识。在温州，可以说，大大小小的老板遍地开花。作为中国民营经济的发源地，温州盛产老板当然也并不奇怪。在这些老板中，可以说是"一半一半"，一半的老板拥有独资企业，企业是个人的，比如在温州颇有些名气的神力集团，尽管其产业横跨机械、地产、环保及高新技术等五大领域，董事长郑胜涛荣膺国家级十几项荣誉，公司仍是其个人的。另一半的老板，是家族的代表，企业是家族制企业。

家族企业有自身的优点，但发展到一定程度，自然也有一定的弊端。一些想有所作为的企业家，在企业发展到一定程度，为了应对日益激烈的市场竞争，就会尝试着建立现代企业制度，酝酿着摆脱家族制的束缚。

可以说，正泰的发展与南存辉的"革命意识"密切相关，在大多数温州老板都不愿意让外人来占领、分享公司股份的背景下，南存辉却选择了主动、多次释放股权，让企业获得了发展的动力。

在进行股权稀释的同时，他就着手进行产权制度改革。说行动就行动，南存辉的执行力是无与伦比的，他做事不愿意犹犹豫豫，更不愿意拖泥带水，只要认定可行的事情，他就会雷厉风行的尽快出手，以最快的速度实施下去。

首先，他将企业的所有权与经营权剥离，也就是说，你可以占有公司的股份，但不一定在公司居于要职，不能凭借股份的多少在公司里获得职位，而是要考察能力，以能力为基准决定职位。能力出众，你就可以担任公司的要职，谋划公司的发展。能力不行，那对不起，你就坐在家里等着收益就行了，或者转行到别的领域去发展，但正泰，肯定没有你的位置。通过这一招法，南存辉把正泰由原来的家族式管理，变更为专家管理。

在实行改革的过程中，人们说他是"按能排辈"，何为"按能排辈"？当然，这个词不是约定俗成的，而是人们用来形容南存辉的改革。人们经常说的都是"按资排辈"，资，一般指的是资本、资历，按资排辈是企业最常用的手段，但什么是"按能排辈"？原来，是人们借用了概念，以"能"取代了"资"，这里的能，指的是"能力""能耐"。

南存辉的做法是：你是公司的大股东也好，是小股东也罢，都要严格按照制度考核，如果考核下来能力强，就继续留在管理层，如果能力不行，那对不起，无论占有多少股份，都必须"下课"，没有丝毫缓和的余地。相反，只要员工有能力，无论是不是公司的股东，都可以"掌权"，进入公司的管理层。

这项改革刚刚推行不久，一位股东负责的公司，产品质量就出现了问题，考核下来发现，产品质量出现问题，这位股东负责人有很大的责任，对此，集团罢免了这个股东的经理职务。

当然，南存辉推行这项改革，尽管是"一刀切"的形式，但是，他也会亲自与相关人员沟通，想尽一切办法安抚相关人员的情绪。因产品质量问题被罢免职务的股东，一时觉得很没有面子，难以承受。南存辉就亲自出马，几次找这位股东谈心，苦口婆心地讲道理：每个人都有自己的长处，在一个领域里不行，在另一个领域里可能会发挥更大的作用，作为公司的股东，谁都希望公司能有更好的发展，这就需要合适的人在合适的岗位，整个集团公司发展了，个人才有更大的发展。在他的耐心劝说下，被罢免的股东经理终于心平气和地接受了现实。后来，这位股东在销售方面做出了优秀的成绩，这也验证了南存辉那个"一个领域不行另一个领域能发挥更大作用"的理论。

外举不避贤，内举不避亲，在南存辉的观念中，一切以能力说话，以能力为准。无论是谁，有能力，你就可以上，没能力，你就下，他构建了一个"能者上、庸者下"的用人环境。南存飞，正泰的原始股东，南存辉的亲弟弟，文化水平不是很高，但能力很强。在正泰集团，南存飞是被广为称颂的，人送外号"消防员"。哪个部门工作不行，推行难度大，进行不下去了，集团就派南存飞去"江湖救急"，而南存飞每次都不负众望，屡战屡胜。南存辉说，这种有能力的人，必须让他发挥出应有的作用，在南存辉退出总裁位置后，南存飞被推举到总裁位置。不是因为其是南存辉的亲弟弟，而是因为他的能力确实出众，确实能为公司带来效益，能坐得上这个位置。

作为一个集团，正泰有很多分支机构，控股有限公司、有限公司、股份有限公司，其细小的差别之处，让外人说不清道不明。南存辉明白，作为一个集团，要注意防范"集而不团"的现象，下属各个子公司不能各自为政，自产自出，必须要有统一的决策和领导，要政出一门，这样，公司才能发挥出向心力和凝聚力。

为此，他将管理层次简化，在设置相关的治理结构时，尽量不产生交叉管理，所有子公司都是合而为一，一套人马，真正形成了核心领导班子。他的目的，是在统一的理念下掌管各成员企业，增强集团的核心凝聚力。

目前，在正泰集团，已经形成了基本完善的组织结构和治理结构。法人治理结构中，有血缘关系的家族股东比例大幅度下降，非家族股东和非股东人员大幅度上升；在经营执行层中，股东人员仅占据10%多一些，大部分为非股东人员；在领导层中，新增加了很多优秀的管理人员和科技人员，使资本所有权和生产经营权适度分离，正泰也因此焕发出更大的生机和活力。

当然，大刀阔斧的改革并没有到此结束。南存辉说，改革是一项循序渐进与时俱进的过程，改革是没有终点的。

有人说："温州人的头发是空心的，从每一根头发里头都往外冒主意。"这句话，在南存辉身上同样能体现出来。在创业初期，南存辉也曾凭着"白天当老板、晚上睡地板、平时盯黑板"的精神硬闯硬拼；现在，他则信"狭路相逢勇者胜，勇者相遇智者胜，智者相遇仁者胜"。他说，这才是新时代的商人，新时代的企业家。

但是，企业发展到一定程度时，光靠产权、制度的改革还远远不够，还需要"在灵魂深处爆发一场革命"。

什么才是"灵魂深处的革命"？在正泰同国际化接轨的过程中，所思所见都让南存辉深刻地反省着正泰。在同美国 GE 合作以后，目睹了正泰和 GE 在运营管理上的差异后，南存辉发现，自己一直引以为傲的正泰的一系列管理方式方法同 GE 相比，差距实在太大了。他突然有了一种"小巫见大巫"的感觉，有了一种"害怕"的感觉。他终于明白了，美国通用电气为何能创造出奇迹。

他又开始"革命"了，他要全盘检讨和变革公司日常经营性的运营管理方式，于是，"凤凰计划"开始启动。从 GE 那里看到的和听到的每一个细节，都在他的脑海里深深沉淀了一番后，再融入到"凤凰计划"中，他要将正泰打造成"可持续"的企业。

如何才能使正泰获得更高质量的发展？南存辉一直在苦苦思索，他的目标，是使正泰成为真正的世界一流的电气制造企业、一流的太阳能光伏企业。在他看来，前方的路还很漫长，正泰的革命还将继续。

第九章
立贤立亲？ 正泰如何传承

谁来接班，是个问题

南存辉将自己的股权稀释给家族成员，又将家族成员的股权稀释给公司的"人才"。以发展为蓝本，开始打造现代企业制度，在他的眼中，正泰不会止步于此，只要发展，就会遇到很多未知的问题，"革命"就还会继续。

而随着他年龄的增长，南存辉不得不忧心另一件事情，那就是接班人的问题。对于民营企业来说，接班人问题，真是一个大问题。

2014 年 7 月 5 日，由上海信托和中欧国际工商学院联合发布的《继承者的意愿与承诺——中国家族企业接班白皮书》显示，未来 5 到 10 年，3/4 的家族企业面临接班问题，而在已经或正在考虑进行交接班的企业中，传承问题却不尽如人意。

实际上，近几年，关于民营企业接班人的问题一直处在舆论的风口浪尖，备受关注。对于第一代中国民营企业家来说，如何选择合适的接班人，确实是一个敏感的话题。因为接班人的选择，不仅仅是交出"权力棒"那么简单，它不仅关系着财富的传承，更关系着事业的延续，关系着企业未来的发展方向。

在2014年的全国两会上，身为全国政协常委的南存辉，将这个问题摆在了台面上。他向两会提交了一份关于民营企业接班人问题的提案。在提案中，他给出了一组数据：目前我国民营企业约有1025万家，占企业总数的80%，其中85%以上的民营企业是家族企业。

南存辉认为，家族企业是民营经济的重要组成部分，也是民营企业存在和发展的重要形式。家族企业如何传承下去，不仅对家族来说意义重大，对民营经济的发展也有很大的意义。而现在，第一代企业家已经不可避免地面临着接班人的问题，面临挑选接班人的问题。

南存辉提出的这个问题，实际上已成为商业界困扰众多民营企业家的一个难题。

依照中国的传统，老一辈创下的事业，自然要传递给下一代，这是天经地义的"子承父业"。所以，很多民营企业家的孩子，从一出生就被打上了"继承"的烙印，有朝一日，他们就要接过父母传下来的接力棒，开始执掌企业。

而在近几年，有关孩子接过父母的"权力棒"后，却将原本如日中天的企业带向下坡路，甚至走向破产的案例也时有出现，这让一些企业家开始担心企业的传承问题。如果孩子"是那块料"，子承父业当然没有问题，但是，如果孩子对经营企业不感兴趣呢？那怎么办？难道还能硬逼迫他们么？一些在企业经营中遇到任何困难都不轻言放弃的掌门人，在接班人问题上却头疼不已。作为一个奋斗了 30 年的民营企业家，南存辉对这一问题也深有感触，如何选择接班人，将自己辛苦创办的企业传承下去？他也不得不考虑。

如果不顾企业的发展实际，选择接班人或许很容易。但接班人能否将企业传承下去，却并非那么简单。传承，顾名思义，就是传递与承接两个过程的复合。传递，老一辈人交出"权力棒"；承接，新一代接班人接过"权力棒"。就这一传一接中，却蕴含着无限的智慧和心血。

在现实的商业界中，因权力交接失误而导致的惨烈悲剧并不少见，选定的接班人最后成了企业的掘墓人，将老一辈一手打造的企业帝国在几年时间就推到破产的地步，这使企业家们无法对接班人的问题掉以轻心，使得他们不得不胆战心惊。

一般来说，中国民营企业的创立者，同时也是家族企业的领头人，他们在选择接班人的时候，有着自主决策权，接班人的确定和培养，是一个缠绕着他们的大问题，同时也考验着他们的智慧：选什么样的接班人？用什么方式方法来选接班人？从哪里选接班人？

"孩子是自己家的好。"这是一句流传了几千年的古话。对自己的孩子寄予厚望，是所有中国人的习惯，即使自己的孩子"不是那块料"，在父母的眼中，也依然是最优秀的。

在中国人的传统观念中，一直有"子承父业"一说。由自己的子女接班，接过自己手中的权力棒，将家族企业传承下去，这是最好的选择。毕竟，中国第一代民营企业家都是在筚路蓝缕中走过来的，他们辛苦打下来的"江山"，如果不传给自己的孩子，难道还能传到其他人手中？一生辛苦换来的财富，希望在自己的后代手里传承，无可厚非。

但是，如果孩子不愿意继承自己的企业，怎么办？或者是孩子有意继承自己的企业，却没有经营的能力，怎么办？这也是一些企业家不得不思索的问题。

在中国，还有一个流传很久的说法，那就是"富不过三代"，这也是一个被大家公认的切合现实的说法。这一说法在企业界正在部分地变成现实，也让一些企业家"心惊肉跳"，如何选择接班人成为困扰他们的一个难题。

实际上，不仅是在中国，在世界范围内，家族企业的传承都是一个难题。

在西班牙，人们用"酒店老板，儿子富人，孙子讨饭"来形容三代的更替；在葡萄牙，人们用"富裕农民，贵族儿子，穷孙子"来形容三代命运；在德国，人们用"创造，继承，毁灭"来描述三代人的命运；而在美国，据一所家族企业学院研究，家族企业在第二代能够存在的比率不足 1/3，到第三代，还存在的比率为 12%，而到第四代和第四代后依然还存在的，也只有 3% 左右了。世界知名的麦肯锡咨询公司的研究结论是：家族企业中只有 15% 能够延续到三代以上。

想想这些说法，看看这些数字，绝不是危言耸听，既然有这种说法存在，自然也有它的道理。对很多优秀的民营企业家来说，子承父业虽然都是其内心深处的渴望，但企业能否在他们孩子的手里传承下去也深深地困扰着他们。

关于民营企业接班人的问题，南存辉已经持续关注了很多年，而关于正泰接班人的问题，他也多次考虑过。不知是不是因为到了知天命的年纪，刚刚51岁的南存辉，已经有了强烈的危机感和紧迫感。有时，看着自己辛苦30年打下的基业，再看看自己的年纪，真不知道自己退休以后，后续的继承者将会带它走向何方。

正泰刚起步时，南存辉也很年轻，他也曾想过，自己辛苦创办的企业，将来一定要交给自己的孩子，将管理层的团队培养划定在家族里面，让正泰世代传承下去。

而随着企业的发展，随着正泰国际化程度的加深，也随着他自身修为的不断提高，南存辉的想法逐渐发生了改变。

在南存辉的心里，想把正泰做成基业长青的企业，他不希望现在这个风光无限的企业，换代之后走到黯然失色或是分崩离析的境地，所以，他要把这个接力棒，好好地传下去。

南存辉有三个孩子，南存辉把他们都送出国去读书了。而对于三个孩子中谁会继承自己的企业，南存辉目前还没有打算。在他的观念中，自己的孩子最好不要在自己的企业工作，毕业之后，让他们去别的地方学习，去锻炼自己的能力，如果他们真的成功了，真的依靠自己的能力成功了，如果他们愿意，正泰可以把他们聘回来，让他们发挥出自己的作用。

南存辉的想法，也成为一些年轻的民营企业家的想法。《继承者的意愿与承诺——中国家族企业接班白皮书》显示，希望由家族第二代继承企业的占比40%，希望自己保持股权，由职业经理人管理的占到了42%。而希望由家族第二代继承企业的选择中，都是年龄较大的企业家，50岁以下的企业家对于职业经理人接管企业则持开放的态度。

南存辉说，正泰要在全球范围内选择人才，只要是人才，可以不分肤色，不分语言，但有一点，要绝对认同正泰的价值观，传承正泰的理念，推进企业的发展，只要是这样的人才，正泰都会敞开怀抱欢迎。

对于企业接班人的问题，对于孩子去留的问题，有人说南存辉是还没有走到那一步，如果真到了不得不放手企业的那一天，不相信他还能这样轻松地说"孩子最好不要放在自己的企业"。

实际上，即使老一代创业家愿意让孩子成为企业的接班人，但身为"企业二代"的子女，也未必真正愿意接手企业。一项调查显示的结果也许出乎很多人的意料，在被调查的人群中，有82%的企业家"第二代"不愿意主动接班，因为他们对传统的生意并不感兴趣，他们更想按照自己的方式自由的生活，追逐自己的梦想。

传承的后路："败家子基金"

对即将退休或面临退休的中国民营企业家来说，接班人的问题让他们忧心忡忡，向左走，难，向右走，也难。他们以无所畏惧的魄力，经历了商场上的风风雨雨，从大风大浪中跋涉过来了，但是，在企业稳步发展的时候，他们却要为如何传承而煞费苦心。

老一代人想"子承父业"交出企业的"权力棒"，而大部分的"第二代"又不愿意主动接班，这对于辛苦打拼多年创办了企业帝国的第一代企业家来说，不能不说是一个棘手的问题。这些不愿意主动接班的孩子，即使真的在父亲或母亲的逼迫下接手了企业，但能不能将企业管理好，也是一个问题。毕竟，兴趣是最好的老师，按照自己的兴趣去做自己喜欢的事业，那成功的机率就会大大增加，相反，如果强迫他们做不喜欢做的事情，那做好的机率也会大打折扣。

这些事情，南存辉不是没有想到过，10年以前，他就开始想这个问题了，所以，他才有了设立"创业者基金"的意向，而在媒体进行报道时，"创业者基金"被叫成了"败家子基金"。

字面来看，"创业者基金"，可以理解为创业者设立的基金，这些基金的用途未知，也可以理解为给创业者设立的基金，以利于他们更好的创业。"败家子基金"，理解起来则相对容易很多，即给"败家子"设立的基金。而外界曲解了他的本意，将"创业者基金"称为"败家子基金"，南存辉也并无异议。或许，这种说法，也反映出了他内心深处的真实想法。

败家子，原意是指任意挥霍家产的不成器的子弟或任意浪费国家财物的人。而南存辉所指的"败家子"，是指企业创办人或合伙人的第二代，这些第二代因缺少经营能力而无法开创成功的事业。"败家子基金"，就是为这些二代而设。

企业家的第二代，在被很多人称为"富二代"的群体中占据了大部分比例，一些民营企业家，随着创业的成功，他们的财富也迅速上升，而他们的子女后代，也因为父母的名望和地位提高、财富的增长，而成为没有任何疑问的"富二代"。

在这些"富二代"中，积极向上者有之，事业有成者有之，不思进取者有之，空虚败家者也有之。近些年，关于"富二代"的负面话题并不在少数，一波又一波地冲击着人们的感官，从而产生了非常负面的影响。以至于在一些人眼中，"富二代"成了空虚、盲目、挥霍、攀比、败家的代名词。

在一次聚会上，一群正泰集团高管的子女们，在一起兴高采烈地玩着一个游戏——排座位。游戏的规则，不是按照约定俗成的个子高矮，而是以谁的爸爸在公司里的职位高，谁的股份多。职位高的，股份多的，就排在前面，职位低的，股份少的，就排在后面，也就是说，父亲在公司的地位和股份决定着孩子们的座次。

孩子们很随意、很天真的游戏，却让偶然见到这一场景的南存辉惊出了一身冷汗。他立刻想到，这么小的孩子，就知道排名次，论资历，不能不说是一件危险的事情。如果不加强教育，没有相应的制度约束，将来万一这些孩子到了公司，不是按能力大小决定职位，而是按父辈职务大小或股份多少争夺权力，那是不是太可怕了。现在正泰有100多个股东，高管近10人，这些孩子，将来进入到公司争夺权力怎么办？企业会不会在他们手中败落？南存辉从这一个游戏中，预见到了企业未来可能出现的风险。

这件事过去后不久，浙江民营企业CEO圆桌会议召开，会上，大家不约而同地谈到了民营企业接班人的问题。有的企业家说，当然要子承父业，自己辛苦打下来的"江山"，只能交给自己的孩子，交到别人那里更不放心；也有的企业家说，如果自己的孩子对企业不感兴趣，也不会强迫孩子去接受企业，可能会采用别的过渡方式。

在这次会议上，南存辉也谈了自己关于继承人问题的想法。他说，正泰的股东有100多个，高管也有十几个，如何挑选接班人，这是一个问题。

在他看来，股东的子女学业结束后，首先要去外面打拼，不能直接回正泰工作。因为在打拼过程中，他们会进行观察和体验，观察生活，体验生活。若是成器的，董事会可以把他们聘请回集团工作，让他们为集团出力。若是不成器的，是"败家子"，正泰的原始股东会成立一个基金，请专家管理，并把这些基金用在不成器的孩子身上。

经过深思熟虑，南存辉正式提出设立"败家子基金"。这个基金由原始股东出资成立，交由金融专家管理。正泰集团高管的孩子，毕业后原则上不能到集团工作，要到外面去打拼，让孩子们在离开父辈保护伞的环境中，从各方面都得到真正的历练。在外打拼如果成功了，可以通过董事会聘请的方式回到正泰工作。当然，这其中也不乏失败者，这些失败者万一真的学无所长，在外面无法生存，本公司又进不来，怎么办？创业者基金就是为这些人而设立，专门用来养活这些缺少经营能力的下一代。这些人到了40岁左右，由公司负责养活，每月可以从创业者基金中领取几千元的生活费，以此度日。而成功者则不能从这个基金领取钱。这样做，能有效防止企业因家族式管理而在自己的儿孙手中败落，同时也为那些"不成器"的儿孙留一条后路。

事实上，一直都非常有魄力的南存辉，很早以前就已经将正泰当成了一个利益共同体，所以，对于南存辉设立"败家子基金"的提议，正泰内部的高管人士基本上给予赞同，个别人虽然心里可能也有想法，但并未明显的表现出强烈的反对，毕竟，谁也不想自己辛苦打下的基业，在自己儿孙的手中败落。而对于这100多位股东来说，这个"败家子基金"，也可以看作是一个能够代代相传的命运共同体。

实际上，在国外，不少企业都有自己的基金会。这些基金也是以家族的名义进行经营，但是这些基金的继承者本人只有拥有权，却不可以随意支配这些财产，必须由职业经理人和监督机构进行经营，这样，能有效避免继承者能力不够而阻碍企业的经营发展。

南存辉说，自己要传承给孩子的，不仅仅是一笔物质财富，更重要的是一种精神，一种艰苦奋斗、永不放弃的精神。

作为正泰集团的领头人，南存辉希望自己能做一个表率。南存辉当然不缺钱，但他不会把钱无限的提供给孩子，满足孩子的一切要求和愿望。他的儿子在美国留学，南存辉只负担儿子上交给学校的学费，其他的费用要靠孩子自己勤工俭学。这样，当别人在宿舍里玩电脑游戏的时候，当别人出去逛街的时候，南存辉的儿子却要外出打工，以挣得在美国生活的费用。

南存辉说："儿子大学毕业后，也必须到外打拼，不得回正泰工作，如果打拼成才就让他回正泰，如果打拼失败就不让他回正泰工作，一样去领败家子基金。"

传承的主旨不是财富，而是精神

南存辉不想让自己辛苦多年打拼的基业，断送在儿孙一代接班人手里。但是，正泰还有那么多高管，都有自己的子女，如果这些孩子在外打拼不成，又回不到自己的企业，那将来，他们将依靠什么生活？从这一点出发，南存辉想到了设立"败家子基金"，他要让正泰的股东，让正泰的管理者，没有后顾之忧。

对企业来说，企业的传承是非常重要的，但对企业家来说，精神的传承比企业的传承更重要。人如果没有了精神，没有了追求，也就失去了做人的乐趣。"我可能不会有很多的金钱留给你们，但我的创业精神、艰苦奋斗精神更加宝贵。还包括现在对你们的教育，使你们能够获得学习的能力。"南存辉经常这样告诉自己的孩子。

严父慈母，人们如此形容家庭中父亲与母亲对孩子的态度，在人们的观念中，父亲大多是严厉的，母亲大多是慈爱的。这话不假，因为角色和地位的使然，父亲对子女的爱中，更多了一份严格，一份理性。父亲在孩子的成长中发挥着重要的作用，无论父亲是贫穷还是富有，都影响着孩子的成长，他们身上所坚持的美好的品质，也能使子女终身受益。

南存辉的父亲南祥希，是一个农民，也是一个修鞋匠，他对孩子们的教育非常严厉，但又都有理有据，从来不乱发脾气。当南存辉走上创业之路以后，在最艰难的时候，父亲南祥希把家里的地方腾出来，让南存辉当仓库使用；当南存辉面对鲜花和掌声的时候，父亲又经常提醒他不要忘本，要堂堂正正。南存辉至今都清楚地记得，自己身上的很多品格和做生意的许多做法，都是通过父亲的教育，在潜移默化中沉淀下来的，比如：勤劳、真诚、守信、一分钱一分货、质量是硬道理等等。

南存辉成为一个父亲后，他开始理解了自己的父亲，父亲对他的严厉与引导，同样影响着他对子女的教育方式。南存辉至今依然记得，在自己刚刚走上街头修鞋的时候，因为不喜欢而想放弃，但是在父亲"铁石心肠"的坚持下，他才继续走了下去，并有了后来的成功。而在自己孩子的成长道路上，有一件事，他至今仍记忆深刻。

那还是在孩子很小的时候，正是小学读书阶段。有一天，南存辉回家比较晚，孩子还没有睡，还在眼巴巴地等他回来。见到父亲回来后，孩子很高兴，跑上前对父亲说："爸爸，过几天就是我的生日了，我也想到酒店请客，同学们过生日，都是到酒店请客，你是大老板，我过生日，也不能比他们差。"

孩子的这个要求在别人的父母那里，也许是合情合理的，但南存辉却不这样想，在他的教育观念中，不能让孩子从小产生攀比心理，更不能让他产生不劳而获依靠家庭的富有胡乱挥霍的行为，千万不能因为父辈赚了钱，就让孩子轻松而没有压力地生活。

听了孩子的话，南存辉拒绝了孩子的请求，同时苦口婆心地给孩子讲了一番道理。最后，生日那天，只按家乡的习俗，给孩子煮了一碗"长寿面"，而南存辉也推掉了所有的应酬，回家陪孩子过生日。南存辉和孩子都觉得，这个生日虽然过得简单，但是很有意义。

孩子渐渐长大后，南存辉把他们都送到美国去读书。在他看来，自己生存的年代可以说是"不逢时"，喜欢读书的自己却没有多少校园生活的记忆，而自己的孩子，不能再让他们有这个遗憾，读书能明礼，必须让他们读书，让他们在知识的海洋里汲取养分。

随着孩子的成长，南存辉的事业也越做越大，积累的财富也越来越多，各种荣誉也随之而至。但是他对子女的教育却从来没有放松过。

孩子在美国读书，每次放假回国，坐飞机从来都是坐普通舱，买打折的机票；穿的衣服，都是以简单舒适为主，从来都不追求名牌；回国后如果参加同学聚会，轮到孩子请客，孩子都是去普通的饭店，从来不讲排场。这些，都是南存辉要求的，渐渐地，孩子自己也养成了习惯。

孩子在国外读书期间，南存辉只提供学费，从来不会让他们随便花钱。他对自己的孩子说，爸爸有钱，但这些钱是爸爸辛苦挣到的，不是你们的，你们要利用自己的劳动赚钱。他鼓励孩子，课余时间可以出去打工，一方面可以赚钱，另一方面还能体验生活。他告诫孩子，苦难是一笔财富，做人当珍惜时间，珍惜金钱，要知道一切来之不易。

假期回国，他要求孩子隐姓埋名，到正泰集团所属企业工作，换上工作服，到车间和工人同劳动，同吃同住。而孩子也很争气，从来不叫苦，不喊累，以至于共同劳动的工人以为是勤工俭学的大学生，并不知道这个孩子原来就是董事长的儿子。

让南存辉颇感欣慰的是，孩子在自己的要求下，拥有着积极向上的心理和态度，能主动、积极地去帮助其他人。一个暑假，孩子从美国回来，在飞机上遇到一位年长的老人，孩子主动帮助老人拿行李，拿背包，一路上对老人非常照顾。老人看到他非常质朴，非常勤快，临别的时候竟递给他一张名片，欢迎他大学毕业后到自己工厂工作。原来，这位长者是广东一家台资企业的老板。

在中国商业界，南存辉算得上是一个"名人"，我们也知道，中国人都比较注重"名人效应"，比较关注"名人"的一切，大到名人的事件，小到名人的吃饭穿衣育儿，都可能被人们关注，被人们拿来津津乐道。

南存辉教育孩子的方式，也有人说出不同的看法。

在中国人的传统观念中，尊崇的是"再穷不能穷孩子"，父母都想尽办法倾尽所有给孩子提供一切可能的东西，让他们更好地生活，即使没有条件，也只会苦自己而不会苦孩子。西方的教育方式崇尚"再富不能富孩子"，看样子，不仅正泰集团在经营上与国际化接轨，南存辉在教育子女的方式上，也在与"国际化"接轨。

南存辉说，教育孩子也要与"国际化"接轨，这没有什么不可以的。盛大董事长陈天桥曾说过，"当父亲比当首富更重要"。对此，南存辉深有同感，他认为，父亲留给孩子的，是一生受用不尽的东西，精神的传承比财富的传承更重要，财富有用尽的一天，但精神，却能陪伴孩子一生。

事实上，每个家长都希望自己的下一代能够自强自立，但有时候，他们却没有采取正确的教育方式。对于孩子来说，适宜的生活环境非常重要。南存辉说，如果家庭条件过于奢侈，就会让孩子在物质生活中迷失自己；如果家庭气氛过于严肃，又会让孩子产生畏惧的心理。所以，无论家庭条件是否优越，都要让孩子学会自己动手做事情。

在南祥希还没有去世的时候，南存辉经常会和父亲探讨如何教育下一代的问题。爷爷肯定是疼爱孙子的，不知道是不是因为隔代人的关系，他们往往能做到对儿子严厉要求，却无法做到对孙子严厉。一天，祖孙三代一起吃饭的时候，南存辉的父亲说：孩子大了，大学毕业后，你要考虑给他安排一个好工作，让他有一个高些的起点。南存辉则对父亲和孩子说：希望孩子能自己选择道路，不要什么事都想着依靠长辈，孩子大学毕业后可以选择打工，也可以选择自己创业，但肯定不会让孩子一毕业就进入正泰，孩子需要到社会上去磨练，干自己想干的事情。

"我希望下一代能够自强自立，无论是现在的生活、学习，还是将来的工作、事业，我要留给他们的，不是金钱，而是一对明辨是非的双眼和一双勤劳的手。作为父母，我们已经为子女创造了一些最基本的生存条件，将来的一切需要他们自己去闯、去拼、去创造，世上没有不劳而获的成果。吃得苦中苦，方为人上人。"

物尽其用，人尽其才

今年，51 岁的南存辉已经到了知天命的年龄，外界也非常关注正泰后续接班人的问题。他们在不同的场合，经常会突然抛出这个话题，让南存辉来面对。

在南存辉的内心深处，恐怕也是矛盾的。一方面，是他也无法完全抛开"子承父业"的传统理念，内心深处也希望自己的孩子能接手自己的企业，将企业发扬光大。另一方面，万一孩子对经营企业不感兴趣，将自己辛苦打拼的企业带向下坡路，那也不是他所希望的。所以，如何打好手中这张牌，也考验着他的智慧。

虽然南存辉 10 年前提议设立的"败家子基金"让外界津津乐道，但随着正泰的盘子越做越大，业务范围越做越广，老一代创业者的年龄越来越大，接班人的问题也越来越受关注。

在南存辉的心目中，接班人的话题是一个严肃的话题。他不止一次的透露，正泰要通过几种途径产生接班人：第一，是正泰内部培养的人才，这类人才同正泰共呼吸，同命运，有相同的目标；第二，原始创始人的孩子，在"子承父业"的观念下，这确实是一种选择；第三种，就是"空降兵"。当然，如果是空降兵，必须在公司磨上几年，直到和正泰的企业文化完全融合为止。

在这三种途径中，哪种途径最有可能呢？对于企业内部培养的人才，正泰这些年一直都非常重视，但如果说从中选择一个作为接班人，还不太可能。企业空降兵，到底能不能同正泰的企业文化融合，也是一个问题。有人这样形容空降兵，一场热热闹闹的家庭聚会正在进行，突然闯进一位陌生人，他不知道大家正在谈什么，也不清楚这个家里的很多故事，所以，这种途径也有一定的风险性。而原始创始人的孩子，是否有意向有能力接手企业，也是南存辉不得不考虑的问题。

在南存辉的眼里，企业家的"企"是一个写起来非常简单的字，但它所蕴含的意义却非常深远，南存辉对此有自己的一番见解。

"企业的企字怎么写？"在一次正泰集团中高层的培训会上，南存辉突然抛出了这样一个问题。众人在下边议论纷纷，不知道南存辉葫芦里卖的是什么药。

南存辉等大家议论差不多了，才接着说，企业的"企"，就是上边一个"人"，下边一个"止"，如果去掉了上边的"人"，就只剩下了下边的一个"止"。"人"字在上，无人则"止"。它暗含着企业发展的关键，即"人"。万众一心，企业发展才会大步向前。没有人，或者人心涣散，企业就只能"停止"发展。

南存辉经常说，人是企业发展最重要的资源，必须高度重视人才的工作，积极引进和培育各类优秀人才，尊重他们，善待他们，给他们提供大显身手的舞台，这是企业最宝贵的财富。

如何用好人才，南存辉可谓花了不少心思。早在 1998 年 1 月，南存辉就在《浙江日报》理论版发表了一篇署名文章《制胜之道在人才》，在其中，南存辉谈到了三个观点。

"第一，用人求专不求全。金无足赤，人无完人。一个人很全面当然好，但现实中却很难得到。在实际工作中，我们只能根据需要，选择某一方面有专长的人，而非完人、全才。重要的是对有专长的人使用得当，即所谓好钢用在刀刃上。领导者必须根据不同岗位，选择不同类型、不同层次的人才。选择人才还有个德才兼备的问题，这不仅仅是对党政干部的要求，民营企业用人同样如此。正泰在选择人才时，除了考虑其应有的思想品德外，还把能否接受'争创世界名牌，实现产业报国'的企业理念作为一个重要条件，要求受聘的人必须具有'中国心、民族情'。

"第二，用人宜尊不宜怠。如何用好人，首先不是方法问题，而是态度问题。这态度就是对人才的充分尊重和信任。人才受聘于企业，如果得不到应有的尊重与信任，他的才干是无法充分施展的。我对人才奉行八个字：尊重信任，宽容谅解。当人才在工作中遇到困难、挫折和过失时，还应给予充分的理解、宽容和安慰，使其有机会改进工作，做出成绩。

"第三，留人在钱更在情。人才难觅，人才难留，是众多企业的同感。有人为此开出了许多药方，如'高薪留人'等等。我认为，把人力当资本，给人才以高薪，这是理所当然的。人才既然进入市场，也如同商品，质量高的，价格自然也要高，这是符合价值规律的。然而，凡成为人才的，一般学历较高。知识分子有个特点，他们追求人格上的尊严比追求金钱上的满足更看重。另外，就是要给人才以大显身手的舞台，让他们有事业的成就感；要创造良好的生活环境、工作环境、人文环境。努力做到待遇留人、事业留人、感情留人、环境留人。"

30年来，南存辉一直实践着自己的人才观，用人之长，避人之短，人尽其才，才尽其用。关于人才的使用，南存辉在不同的场合，经常会以故事来比喻，以至于很多人都熟悉了他的"故事"。

故事一，木匠师傅伐木用来造房子的时候，会专选又直又大的树木；而一个搞工艺美术的大师，则会在伐木时专门选择那些奇形怪状的"歪脖子树"。二者为什么会有这种区别，就因为木匠师傅需要的是栋梁之材；而美术大师看重的，则是奇形怪状的树自身所拥有的创意，它们正是做木雕、根雕艺术的理想材料。

故事二，画家们被要求画出一个人的光辉形象，这个时候，选定的被画对象是一个少了一只眼、瘸了一条腿的人。很多人都被难住了，这种形象怎么光辉？有一个聪明的画家却画了一个被画者持枪打靶的姿势，令人拍案叫绝。

南存辉说，这两个故事不同，说明的道理却是一样的。即人才是多种多样的，社会的需求也是多种多样的。正泰，需要技术人才，需要研发人才，需要销售人才，只要你是人才，在正泰肯定不会被埋没。

人才的培养和使用是不成问题的，但上升到企业的接班人问题，南存辉依然苦恼。

全球知名刮胡刀品牌吉列前执行长马可勒曾说过："我的工作很简单：找到适合的人，把他放在适合的位置，提供适合的训练。然后，我就可以享受人生。"把合适的人放到合适的位置，享受自己的人生，恐怕这也是南存辉的想法。近些年，南存辉师从国学大师南怀瑾，领悟了很多人生禅意。如果有适合的人接班，他也想放下手中的杂务，"采菊东篱下，悠然见南山"。而现在，南存辉还不得不为企业的前景去谋划，他说，他停不下脚步。

在他上交的政协提案中，南存辉提出培养民营企业接班人的四点建议。

"第一，加强组织领导，健全新生代企业家培养工作机制。各级党委、政府要把新生代企业家的培养工作摆上重要议事日程，精心组织，统筹安排。进一步整合资源、明确归口，建立经常性的教育培养制度。同时，应设立专门的新生代企业家培养教育的工作经费、培训经费，由财政保障。

"第二，加强服务力度，构建新生代企业家联系服务机制。要充分发挥各级统战部门、工商联、共青团等单位的职能优势，建立起行之有效的联系新生代企业家的制度。通过设立论坛、俱乐部、联谊会等平台，开展国内外高端交流活动，促使新生代企业家之间相互学习交流。

"第三，强化教育引导，提升新生代企业家综合素质。把新生代企业家的教育培训纳入到人才工作的整体规划，研究建立具有针对性、计划性的培训机制，依托党校、行政学院、高校等机构和培训中心，由相关部门和组织来负责具体实施培训计划。同时，组建由优秀企业家、相关部门负责人及金融、法律等专业人士参加的创业导师团，与新生代企业家结对创业，全面提升新生代企业家群体的综合素质。

"第四，优化成长环境，促进新生代企业家健康成长。通过正确的舆论导向，宣传优秀青年企业家的先进事迹，树立新生代企业家良好的社会形象。在人大代表、政协委员的安排及劳动模范评选等方面，应适当增加新生代企业家相应的名额和比例，以发挥他们参政议政、建言献策的作用。在工商联、工青妇等群团的人事安排中，也应对新生代企业家给予重点关注。"

第十章
反哺社会，"小家""大家"共飞腾

扛起社会责任，树立正能量标杆

2014 年 3 月 21 日，浙江正泰电器股份有限公司及下属机构向社会发布了 2013 年度社会责任报告。自 2010 年以来，这已经是正泰连续发布的第五个年度社会责任报告。在这份报告中，董事长南存辉热情洋溢地说："企业作为社会的一份子，不仅是社会财富的创造者，更是社会价值观的承载者。保障企业的可持续发展，必须将履行社会责任纳入到企业的发展战略中去。一家成功的企业，不是单看经营业绩，更要看企业承担社会责任、恪尽公民义务的决心和行动。"

"必须将履行社会责任纳入到企业的发展战略中去"，这绝不仅仅是南存辉堂而皇之的书面之言，更不是他向外界宣传自己的利器。创业 30 年，南存辉一直走在探索企业应尽的社会责任的路上，一直坚持作一个有社会责任的企业家。南存辉认为，做企业，首先要履行社会责任，他把履行社会责任的企业称为"阳光企业"。他认为，企业只有履行了社会责任之后，才能更好地如阳光一般普照，照亮自己也照亮他人。

什么是企业的社会责任？百度一下，关于这一说法五花八门，对这一概念及领域的所属，很多研究者都给出了不同的答案。综合来说，是指企业在创造利润、追求经济效益、股东承担法律责任的同时，还要承担对政府的责任、利益相关方的责任、消费者的责任，以及对社会、资源、环境、安全的责任，保护弱势群体、支持妇女权益，关心保护儿童、支持公益事业等等。企业的社会责任要求企业必须超越把利润作为唯一目标的传统理念，强调要在生产过程中对人的价值的关注。简单言说，就是企业在发展过程中，要充分考虑经济、社会、环境三者的因素，对员工、消费者、供应商、社区、环境等一系列对象负责。比如关心员工成长、对消费者权益负责、关注环境保护、救助社会中需要关心的群体等等。

企业有没有社会责任，是否履行了社会责任，一定程度上说，是企业负责人的观念及价值观问题。

创业多年，南存辉带领着正泰，在履行社会责任方面，一直不懈地探索着、实践着。

第一，在产品的研制、产品质量把控方面，为客户提供高性能、高可靠、节能环保型产品。

在少年修鞋的岁月里，南存辉就明白了质量是产品的生命线，有质量就有市场。自己做企业以后，他更是时刻不忘产品质量的把控，在这方面，他是出了名的严格。一向被称为"温州最有风度的老板"的他，一旦遇到产品质量问题，马上就变成了"六亲不认"的黑包公。无论是谁，只要触碰了质量的底线，南存辉会毫不犹豫的马上处理。他要求他的属下，"宁可少做亿元产值，也不能让一件不合格产品流出工厂"。在30年的企业运行过程中，正泰一直以生产合格的产品为自己的目标。南存辉说，电器产品关系着人的身家性命，关系着生产的安全，在这方面，任何时候都不能掉以轻心。严控产品的质量，为社会提供合格的产品，这是企业的社会责任。

第二，在节能减排管理、节能环保技术改造方面，积极投入人力财力。

低压电器是正泰最主要的产品，而在其生产过程中，有一道叫"移印"的工序，这道工序在生产过程中会产生一种刺激性的气体，人吸入这种气体初始没有什么感觉，但如果时间久了，身体就会感到不适。从人本价值出发，南存辉投入数十万元，主动更新了设备，用的全部是环保材料。南存辉说，不能以人的健康为代价，来换得企业的发展，保护好人的利益，这才是做企业的应有之道。而就在南存辉更换这一设备时，恰逢外国客户来公司考察，注重细节的客户被南存辉的精心与细致感动，更感动他的责任感，回去后即发来了价值千万元的订单。而在进军太阳能的时候，很大一部分原因，也是南存辉看到了太阳能光伏的潜力，看到了它的环保性。生产节能环保的产品，是企业的社会责任。

第三，在维护员工的合法权益方面，不惜花费巨额资金。

在这方面，最受员工津津乐道、广为推崇的，就是南存辉率先在浙江省推出了职工全员社会保险。2001 年，南存辉遵照国务院《社会保险费征缴暂行条例》、《浙江省职工基本养老保险条例》等上级文件，在全国民营企业中率先推出了职工"全员社会劳动保险"，相继为员工缴纳"五险一金"。

集团为这一举措付出了上千万元的资金。到 2002 年底，集团总部所属各公司参保人数已达 6000 多人，实现了全覆盖。集团还严格按国家规定，为员工提供全薪年休假、工作服、冷饮津贴、节假日津贴、生日蛋糕券和活动经费等一系列福利项目。

而全员保险推行的效果，是员工更加热爱这个团队，把这里当成了自己的家。现在，正泰集团有员工近 3 万名，其中 80 年代、90 年代后出生的人占据了绝大多数。南存辉想方设法丰富员工的生活，助力青年员工的成长。他认为，这些人都是正泰的明天，是正泰的未来。

第四，在以人为本方面，南存辉对员工的关注，更体现了他的社会责任感。

正泰的前身求精开关厂创立之初，南存辉曾四顾茅庐，去上海聘请了退休工程师王中江、宋佩良等帮助开关厂研发产品，助力企业在低压电器市场中走出一片天地，为企业的发展立下了汗马功劳。

后来，这些当初企业的扶持者退养在家，南存辉却时刻没有忘记他们对企业的贡献，他说，这些老人都是企业的功臣，正泰能发展到今天，这些当初的产品研发者功不可没。

南存辉很忙，忙得行踪不定，参加商务聚会，商务谈判，出国考察等等，有时候，家人甚至不知道他在哪里，但南存辉每次去上海，都要去看望王中江、宋佩良等企业的"功臣"，送上礼品，嘘寒问暖，关切的程度，与自己的亲人无异。年年如此，有一年竟达13次之多。让这些曾经的退休工人很是感动。

对企业的"功臣"如此，对工厂的普通员工，在其生命或生活中遇到重大困难的时候，南存辉也会去帮助他们。一次，南存辉获悉工厂的一名女职工患了癌症，而其家庭生活又很困难，孩子还小，他马上批示工厂出钱，给这名女职工做手术治疗。后来，这名女职工病愈后回到工作岗位，干活更加卖力。这名女职工说，没有工厂的关怀，就没有自己的今天。所以，一定要尽力去回报工厂。

南存辉不仅自己实践着企业的社会责任，作为第九届、第十届、第十一届全国人大代表，他还一直在为企业要承担社会责任而多方呼吁。履职15年以来，无论是在全国人民代表大会的会场，还是接受新闻媒体的采访，他一直在为企业要尽相应的社会责任而呐喊着。

"企业履行社会责任是义不容辞的，也是企业健康、和谐、持续发展的重要保证。企业的发展一定要主动服从国家政策要求，自觉承担国家和时代赋予的社会责任，才能树立良好的信誉和形象，得到社会各界的认可，其实也是在为企业创造财富。"

"企业应切实负起保护环境的社会责任，当投资项目影响或危及环境保护时，要毫不犹豫地放弃投资项目而维护绿色环境，绝不能以牺牲环境为代价谋取利润。"

"我觉得企业家对于社会最大的责任不是慈善、也不是捐赠，而是首先考虑如何办好企业。正泰现在带动了生产、销售两端将近10万人的就业，如果不遵纪守法、不顾环保，触犯法律、违背国家政策、逆势而做、为富不仁，那么，最终不但会受到惩罚，企业也将陷入困境。因为企业越大，反过来，它的破坏力也越大。所以只有把企业办好，多贡献税收，让所有的员工在企业这个大家庭中安居乐业，在企业发展过程中得到提升，才是真正地尽到了一个企业家的社会责任。"

做一个有社会责任的企业家，不仅是他的呼吁，也是他一贯的坚持与坚守，南存辉以此为己任，在正泰前行的路上，不断地探索着。

"功利"与"公益"

作为一个企业，正泰履行着它的社会责任；作为一个企业家，南存辉也履行着他的社会责任。而在一些有责任的企业和企业家的带领下，企业家的社会责任被上升到了一个新的高度，越来越多的企业开始认识到并履行起自身应当承担的责任。

早在 2007 年 5 月，南存辉等 16 位浙江民营企业家就自发发起了一份关于《浙商社会责任倡议书》的活动，倡议书中的一段话，南存辉至今记忆如新。"个人财富过多，会成负累，会奴役人性；热心扶贫济困，就是为自己减'负'，就是给自己'治病'。乐善好施越多，则个人实现的价值越大。超越自我，从'功利'浙商向'公利'浙商转变。"

浙商，是一个庞大的群体，它不仅是指在浙江大地上从商的群体，也包括浙江人在全国、全世界从商的群体。而从"功利"到"公利"的转变，不仅是浙商的责任，也是所有民营企业家的责任。

"功利"，一指功名利禄，二指功业所带来的利益，三指眼前物质上的功效和利益，常含有贬义。"公利"，则泛指公共的利益，多含有褒义。而南存辉，更愿意把"公利"叫成"公益"。

同样生在浙江、长在浙江的南存辉，也是浙商中的一个典型代表。他认为，在作一个有社会责任的企业家的同时，也要处理好"功利"与"公益"的关系。

南存辉说，自己不是一个慈善家，做企业也不是搞慈善，所以，"赚钱第一"。要抓住一切赚钱的机会，去实现企业利润的增长，否则企业生存就很艰难，就要面临倒闭的风险，这不是创业的初衷。

南存辉还说，"赚钱不是唯一"。不能为了赚钱而赚钱，不能为了赚钱而去违规违法。赚到了钱，还要学会如何花钱，把钱用在什么地方。赚的钱存在银行里，体现不出它的价值，赚的钱要花出去，并且要花在正地方，才能体现出它的价值。

刚开始创办企业时，南存辉也和其他创业者的目的一样，那就是生存。为了改善生活，为了创造更好的生活条件，他把赚钱放在第一位。

当企业逐渐走上规模化发展的道路，生存问题已经解决，南存辉也将人生境界提高到了另一个阶段。赚到钱以后，他将社会公益放到重要地位，尽自己所能去回报他人、回报社会。

我们暂且用几个例子来说明一下吧。

2002 年 6 月，正泰捐资 1000 万元，在浙江省大学生助学基金中设立"正泰大学生助学专项基金"，以帮助家庭贫困的学生，使其不因贫困而辍学。南存辉说，这些学生是家庭的未来，是企业的未来，是国家的未来，给他们资助，就是在回报社会。

2003 年 1 月，南存辉发起并成立了乐清市民营企业扶贫济困总会，这也是全国首家民营企业扶贫组织，南存辉亲任会长。他为扶持乐清贫困山区和革命老区脱贫致富、促进地区经济发展和社会稳定而奔走呼吁。正泰首当其冲，捐款 2000 万元，在南存辉的带动下，近 200 家企业先后捐资 3 亿多元。

2004 年 6 月，在南存辉的倡议下，由全国工商联与 27 位民营企业家发起设立"中华红丝带基金会"。动员全社会力量，推动艾滋病防治事业，加强与中国预防性病艾滋病基金会等组织的密切合作，重点支持和促进偏远、贫困地区的艾滋病防治工作，保护人民健康，提高民族素质。作为"中华红丝带基金会"首席发起人，南存辉为"中华红丝带基金会"捐赠 3000 万元，援建"中华红丝带家园"，为艾滋孤儿创建更好的生活和学习环境。

2004 年末，正泰集团出资 1000 万元，与共青团中央、全国学联共同发起设立"中国中学生正泰品学奖"，通过树立广大中学生可敬、可信、可学的榜样，以充分发挥先进典型的示范导向作用。

2007 年，南存辉和其他 10 位青年优秀企业家，同共青团、浙江省委等单位联合建立了"浙江青年创新创业基金"。正泰集团是该基金发起人之一，南存辉出资 1000 万元。基金打破了以往简单的资金援助模式，积极鼓励创业成功的青年向基金管理办公室归还贴息，或志愿担任创业指导师，继续支持青年创业活动。南存辉说，希望这能给有志于创业的人以积极的帮助，帮助他们迈过创业初始的艰难阶段。

2009 年，南存辉出资 9000 万元，成立正泰公益基金会。这一基金主要用于低碳环保的公益项目和活动。南存辉说，企业要承担社会的责任，做好公益项目的宣传。而南存辉设立的这一基金，也被温州市委称为"科技环保"慈善事业的新模式。

2010 年，为了鼓励、关爱青年学生，帮助他们完善自我、报效祖国，正泰公益基金会与杜斌丞教育思想研究会合作，设立"正泰·杜斌丞奖学金"，目前，有很多重点高中和大学的学生从此项目中受益。

看一看近些年南存辉及正泰在社会公益方面的担当，你是否发现了其中的规律？从时间上看，这些事情集中发生在 2000 年以后。这并不是说，初始创业的南存辉就不关注社会公益。实际上，当时南存辉即使想去履行社会公益的责任，企业发展的一个又一个艰难阶段，已经让其自顾不暇，哪还有时间和精力去搞公益呢？所以，那是他"赚钱第一"的阶段。

当然，这些也只是正泰在社会公益方面所做的众多事情中的几个很小的片断，根本不能概括出正泰的全部。而南存辉并不愿意过多的宣扬正泰在公益方面的投入，他说，自己做这些事情的目的，不是为了博取众人的眼球，只是做了该做的事情而已。

然而，也有一些人、包括企业界人士，对南存辉热心公益事业的动机表示质疑。质疑者举出三种现象。第一，目前，很多中国企业家热心公益，只是为了追求在慈善榜上有一个好看的排位，为了达到这个目的，有人甚至采取虚假的方式，暗地里转移资产，表面上称拿出多少做了公益。第二，一些企业家目的不纯，把社会公益事业当成了一种"秀"，主要是为了增加自己的曝光率。第三，还有企业家把社会公益事业当作营销的卖点，比如企业每卖多少产品，会把其中的多少钱捐给慈善机构，等等。他们说，南存辉，会不会也是以热心公益事业来达到自己的目的？

对于这些质疑，南存辉并没有做正面回应。他认为，是非公道自在人心，而自己能做到的，就是问心无愧。南存辉说，作为民营企业来说，要有感恩的心态。

他举了一个例子，如果你挣到了 100 万元，那是你自己的能力问题，是你凭着自己的能力赚的钱。而如果你挣到了 1000 万元，挣到了 1 亿元或者几十几百亿元，那就不单单是你个人的能力问题，而是社会的给予。在他的眼中，改革开放政策实行以来，民营企业是最大的受益者。而在改革开放当中发展起来的企业，现在已到了回报的时候，要回报国家，回报社会。这是任何一个成功企业家都应当做的事情。

正泰热心公益事业，绝对不是作秀，也不是为了营销自己，更不会是为了增加自己的曝光率。实际上，南存辉做事一向很低调，他不喜欢过多的表现自己，一般时候，他都是默默地去做。虽然身处其位，有些事情他不得不去应筹，但实际上，他更喜欢待在家里，坐在书桌前静静地看书。他认为，公益事业，做了就做了，没必要太在意别人的想法和看法。

而对于未来的打算，南存辉说，只要自己还执掌正泰一天，正泰对公益事业的参与就不会停止，不仅不会停止，而且还要增加，力度还要更大。

"另类" 正泰，大鱼带小鱼

自觉承担企业的社会责任，做一个有社会责任感的企业家，同时积极热心于公益事业，南存辉的生活，总是那么地丰富而有意义。当然，这还并不是他的全部，在正泰的一些合作伙伴看来，正泰与他们除了是合作关系，同时还是朋友关系，是帮扶带的关系。在与自己有合作关系的中小企业的发展问题上，南存辉总会竭尽全力去帮助他们，使他们在创业之初，或是在他们遇到困难时，能挺过难关。

在商业界，南存辉的很多表现都算得上是一个"另类"。比如，人们认为，这个社会，本身就是一个弱肉强食的社会，是一个"大鱼吃小鱼"的社会。而在商业界，弱肉强食、大鱼吃小鱼更是被许多人认可的游戏规划。如果你有能力，你是一个强者，你就可以吞食掉对方。如果你是一条大鱼，那小鱼自然就是你口中的食物。相反，如果你没有竞争力，如果你渺小得微不足道，那对不起，说不定哪一天，我就会把你吃掉，即使吃掉你的不是我，你也会成为别人的口中之食。

实际上，对于这个游戏规则，南存辉比谁理解得都透彻。曾经，他也是柳市众多民营企业中的一个弱者，也是柳市低压电器领域里的一条"小鱼"，也曾经那么战战兢兢、小心翼翼地慢慢在商海里游动，也害怕有一天，自己会突然被吞食掉。终于，他逐步成长起来，然后，一步步壮大，最后，他变成了强者，小鱼变成了大鱼。

普遍的观点是，既然好不容易成为强者，成为大鱼，那么，恭喜你，你有资本了。现在，你可以同其他大鱼一样，无所顾忌的去吞食小鱼了。

但是，南存辉并没有那样做，在成为柳市的低压电器龙头企业后，正泰并没有继续"弱肉强食、大鱼吃小鱼"的游戏规则，而是"大鱼带小鱼"。对于弱小者，它不是吃掉，而是带领、是扶持、是帮助。

正泰集团有着完整的产业链，但正泰不是完全意义上的自给自足型企业，在集团所属的各个主要生产型企业，大部分或部分具有产品组装、设备总装、系统集成的性质与特点，所以，产品的质量、可靠性、性价比等，在很大程度上都要依赖于其零部件供应商。

一个不完全统计的数据是，正泰遍布在全国各地的供应商达到了2000多家，正泰产品的销售商还有2000多家。这些上下游的供应商和经销商大多有一个共同点，即他们大部分是处于成长期的小微企业。

对于这些小微企业，南存辉并没有显示出对他们的"不屑一顾"，更没有想方设法榨取其利润。而是开创出了一套办法——"在困难时候帮一把，在关键时刻拉一下，在刚起步时送一程"。也就是"大鱼带小鱼"。

南存辉认为，做企业，不可能是一帆风顺的，都有遇到困难的时候。这个时候，迫切需要有人能站出来，伸出友爱的手，帮助他们渡过难关。自己在最初创办企业的时候，也有过这种刻骨铭心的经历，而今，既然自己有这个能力，就不想让自己的合作伙伴再有这种经历。

实际上，早在1993年，正泰刚刚成立两年之际，南存辉的举措就已经反映出了这一点。当时，他以品牌为导向，吸引了40多家发展困难的同行中的小微企业，组建了正泰集团，以实现合作共赢。

正泰壮大以后，面对合作伙伴中的众多企业在资金、技术、人才、管理等方面比较薄弱，不能承受市场风险的现状，正泰于2008年成立了专门的团队，并提出"构建战略合作、实现互助共赢"的战略举措。现场诊断、制定方案、驻点帮扶、验收总结、持续跟进，按着这样的步骤，正泰对供应商和经销商企业，分层次、分阶段、因地制宜开展了个性化、定制化的帮扶提升。

比如，温州福达合金材料股份有限公司，创办于1993年。与正泰合作之初，还只是一个年销售额千万元左右的小企业。正泰的专门团队经过考察后，制定了专项帮扶计划，对其开出的"药方"是突出优势、做专做精，而就是靠着一个合金触点，这家企业做到了同行业的"老大"，产品遍布世界各大跨国公司。这家公司的董事长王达武，也因此成为远近闻名的企业家。

再比如，正泰的供应商温州宏丰电工合金股份有限公司，创办于1992年。最初，这个公司只是一家生产电接触复合材料的作坊小厂。正泰专门团队入驻后，给出了相应的分析建议。公司在正泰专门团队的指导下，从各方面进行改革。改进管理，提升技术水平，搭建电子商务平台，2012年初，这家公司成功登陆创业板，成为我国电接触新材料行业第一家上市公司。2014年3月，公司荣登浙江正泰电器股份有限公司2013年先进供方（供应商）光荣榜，荣获供方技术创新优秀奖。

这样的例子，正泰帮扶过的合作伙伴，数也数不清。为了帮扶这些中小企业，正泰集团的举措可圈可点：自掏腰包，投入2000万元，帮助供销商构建电子商务平台；投入1800多万元，辅导多家骨干经销商建立电子商务平台；投入2700余万元，帮助多家经销商建立了形象店。而正泰乐清小额贷款公司则针对部分企业"融资难、融资贵"的问题，已累计发放资金35亿元，惠及600多户小微企业和个体户，帮助一批企业渡过了难关。

南存辉说，如果你是小企业，你不要自暴自弃，只要努力，你也会有发展壮大的一天；作为大企业，你不能骄傲自大，因为有一天，你可能也会走向没落。他认为，虽然供应商和经销商的规模比正泰要小，但他们却是正泰实实在在的"衣食父母"。在家里，作为子女，都懂得要孝敬父母；而在企业，对于合作伙伴，也要帮助他们，这样才能实现双赢。

南存辉很喜欢讲这样一个故事：一位老和尚，晚上化缘回去时，要路过一个黑暗的弄堂。有一天，老和尚像往常一样走在黑暗的弄堂里，突然他发现对面有人打着灯笼走过来。老和尚眼前一亮，看清了路。走近了，他才发现，原来打灯笼的是个盲人。老和尚非常诧异，便问盲人为何打灯笼。盲人回答：我以前走夜路经常被人撞到，自从我打了灯笼以后，别人看清我了，不会撞到我，我在照亮别人的时候，也是在照亮自己。老和尚听后幡然醒悟，"我到处去求佛，原来你就是佛。"

他讲这个故事的初衷，是想说明，很多时候，我们在帮助别人的时候，也是在帮助自己；我们在成就别人的时候，也是在成就自己。南存辉说："我不仅自己坚持一心一意做实业，聚精会神创品牌，把正泰做到行业龙头企业；同时与上下游多方携手、精诚合作，形成资源共享、互利共赢、协同发展的生态链；还要帮助更多的中小微企业共同成长，共同形成健康有序的商业环境和良性互动的企业生态环境。"

而南存辉的"大鱼带小鱼"的方式方法，不仅没有削弱正泰自身的实力，反正保证了企业的良性发展，同时也带动了上下游企业的健康成长。以至于在一次正泰供应商大会上，一个供方代表在发言中讲述了正泰对他们的帮扶及其效果后，颇有感慨地说："我们的公司是没有挂正泰牌子的正泰企业，我们的员工是不穿正泰工作服的'正泰人'。"而这，也是广大经销商及员工的共同心声。

没有什么是比"认可"更好的回报了，虽然南存辉做事，不是为了别人认可他，但别人的认可，恰恰说明了他的意义所在。"人的能量都是借来的，最终都是要还的。"电影《阿凡达》里的一句台词，让南存辉印象深刻，"我现在思考的，是怎样把借来的能量还给社会。"他说。

看淡"富豪榜"，争锋"纳税榜"

对与自己有合作关系的中小企业，南存辉并没有高高在上颐指气使的感觉，也没有那种"大鱼吞掉小鱼"的野心，相反，他尽自己所能去帮助这些中小企业。他说，这些中小企业是正泰的"衣食父母"，他们都发展了，正泰才有更好的发展。

这就是南存辉，在他的身上，总是有那么多特立独行的让人"意外"的行为。而更让人"意外"的，是他要拼命退出富豪榜，拼命挤进纳税榜。

说不清是从什么时候起，世界范围内都开始流行起了各种各样的"榜单"，一时之间，各种"榜"开始充斥着人们的眼球，扰乱着人们的视野。各行各业，都有数不清的榜单，铺天盖地而来，让人们分辨不清。当然，榜单的制作者，不知道是出于什么目的，为了吸引人们的注意力也好，为了向社会展示正面作用也好，在有人赞成有人质疑的不同语调中，各种榜单不仅没有减弱的趋势，反而更加强盛。

在中国商业界，在这一块你死我活互相厮杀的商业战场，"富豪榜"、"纳税榜"、"慈善榜"、"500强榜"等等，有多到数不清的各种榜单，混乱着商业界并不强大的神经。对正泰集团董事长南存辉来说，各种榜单上，他都是常客。

但是，生性恬淡的他，并不看重这一切，在他的嘴边，时常挂着的一句话是：我们要拼命退出富豪榜，我们要拼命挤进纳税榜。当然，对于前半句，他未必能做到，因为上不上榜，那不是他自己所能决定的。

我们不说以前，单说2014，不说企业，就说他自己。在2014年3月发布的"2014福布斯全球亿万富豪榜"中，南存辉还是进入了这份以比尔·盖茨领衔的全球富人榜单，个人身家为12亿美元。而在5月份出炉的"2014《新财富》500富人榜"中，南存辉又榜上有名。

与个别企业家看重自己的名次排行不同的是，南存辉从来不在意这些。

实际上，南存辉真的从来不在意这些，他也不是那种爱财如命的人，早在多年以前，他挣的钱，就已经够他及他的后代用几辈子了。财富对他而言，已经不是最重要的东西。财富对于他的意义，早已经超脱了个人的需求，这些年来，驱使他在事业上不断打拼的原动力，是他想通过自己的努力，创造更多的社会财富，帮助更多的人富裕起来，同时也实现自己"产业报国"的雄心壮志。

即使成为各种富豪榜的常客，对南存辉来说，也不会改变什么，生活，该怎样继续还怎样继续。多年如一日，他一直以来的俭朴习惯，并不曾因他跻身富豪排行榜而有任何改变，正如他自己形容他所向往的那样："就是一种普通、平常的生活"。

在他的心中，财富只是一种符号，无论有多少钱，离开这个世界的时候也带不走一分一厘，所以，多一个零少一个零，差别并不大。

在各种富豪榜单中，南存辉是一个常客，他的名字，经常出现其中。2012胡润百富榜、2013中国富豪榜、中国内地人物创富榜等等，十几年来，关于他的名字从来都是一个比较"热"的字眼。在这种状况下，他想退出富豪榜，也很难。所以说，前半句，是由不得他自己的。但对于后半句，"我们要拼命挤进纳税榜"，南存辉却真的做到了。因为，这个主动权掌控在他的手里，一个被动，一个主动，结果却是相同的。

除了税务部门相关人员，没有其他人能确切说出，成立30年来，正泰的纳税总额是多少。如果30年的数字加在一起，会有多长？仅最近4年来，正泰就为国家上缴利税40多亿元：2010年，上交的利税是8亿多元，2011年上交9亿多元，2012年上交13亿元，2013年上交14.68亿元。这也让正泰没有任何悬念地名列乐清市乃至温州市纳税百强榜首。

南存辉说，作为一个民营企业，发展到今天，得益于国家改革开放的政策，得益于国家的大环境，没有国家利好的大环境，就不会有民营企业的成长和进步，所以，企业要懂得感恩，要感谢国家，回报国家。持着这个观点，正泰从来都不做只享受权利而不尽义务的"逃票乘客"，从来都不为眼前的蝇头小利所迷惑，自觉向国家纳税，用一组逐年上升的数据担当起了一家大企业的社会责任。

依靠产品过硬的质量，正泰在同行业里大名鼎鼎；而凭借诚信纳税，正泰的形象深入全国普通民众心中。

实际上，依法纳税，是任何一个企业或个人理所当然要尽的义务，并不值得因此而被人意外关注，但在中国目前的情况下，各个领域的纳税风波从来就不曾间断过。

有相当多的企业，在谈到税收的时候，经常是"顾左右而言它"，他们在意自己的财富，不想让财富流失。对此，有专家曾指出，许多民营企业都拥有几本账，有的账目是公开的，有的账目是对内的，这么做的目的，当然是尽可能的少交税。而对个别民营企业家来说，交税是在"剜他们的心头肉"。而且这些还不是个别案例，而是一种普遍现象。

但在正泰，却没有这么多的明里暗里的说法，南存辉始终坚持一个原则：正泰只能有一本账，而且绝对公开，这不是一个秘密。

在日常经营中，正泰做到了提供外协件单位和提供增值税发票单位一致，有效地堵塞了虚假行为。为会计核算体系走向规范化积极创造条件，维护了市场经济秩序，也维护了正泰的信誉。同时，在物品采购与委托劳务加工等环节，正泰集团还要求提供税务发票，一般给供方增付一定的税务负担。而在"个人所得税"的缴纳方面，正泰对员工薪金收入每月一律按税法规定，在薪金中扣缴个人所得税，每年的股东分红也如数扣缴个人所得税。

多年的合法纳税合法经营的实践，南存辉逐渐形成了成熟的纳税观，那就是："认识是前提，制度是保证，监督是关键。"30 年的经营中，南存辉始终坚持守法经营，按章纳税，在他看来，企业发展源自社会，企业必须回报社会。"做人不能没有良心"，不能只讲索取不讲奉献。他认为，社会各行各业的发展，都离不开税收。没有税收就没有国家，没有国家，何谈自己的小家？

南存辉也曾追求过"有钱老板"的称谓，毕竟在当初的条件下，做企业，首先是为了摆脱贫穷，如果连饭都吃不饱，还空谈什么理想与责任呢。

在他的眼里，诚信纳税与国家和每个公民的利益都密切相联息息相关，诚信纳税是企业对国家、对社会最好的回报。

30 年如一日，南存辉做到了。

第十一章
创业智慧，南存辉的成功路

生于忧患，死于安乐

　　历经风雨，历经挫折，南存辉带领着他的正泰，在发展的路上稳稳地走着。正泰，由最初的一个小小的民营企业，发展成今天的一家闻名全球的跨国企业集团，这其中，它的创始人南存辉功不可没。

　　创业成功以后，南存辉心怀感恩，反哺社会，把社会责任扛在肩上。探寻正泰的成功之路，我们也从中发现了南存辉的创业智慧。

　　中国的民营企业家南存辉也有自己崇拜的偶像，那就是世界首富比尔·盖茨。当然，南存辉崇拜他，不是因为他是世界首富，而是因为他创造财富的方式。南存辉一直想去研究盖茨、学习盖茨。

他一直非常推崇盖茨说过的一句话："微软离破产永远只有 6 个月。"
南存辉说，这句话非常经典，反映出了比尔盖茨的创业智慧。

"微软离破产永远只有 6 个月"，这当然是比尔·盖茨的一种夸
张的说法，6 个月的时间，说长不长，说短不短，对于其他小企业来
说，6 个月的时间内，还真有可能破产，但是，对微软来说，6 个月
的时间内破产，至少在目前来说，是不可能发生的事。但为何比尔
·盖茨会有此一说呢？这么说，反映出的是比尔·盖茨的创业智慧，
那就是做企业，要时刻怀有一种危机意识，只有在危机意识的鞭策
下，才能一步一个脚印地向前迈进，才有可能打造更大的成功。

南存辉是一个尊重中国传统文化的人。在他的眼中，中国古代
的先贤孟子在《孟子·告子下》中说得非常透彻的一句，就是"生
于忧患，死于安乐"。意思是说，恶劣的环境可以激发人的忧患意
识，使之为改变现状、为生存发展而积极奋发，并最终得以发展、
强大起来；而安逸的环境则容易消磨人的意志，使人堕落，最终，
在安乐的环境中灭亡。

在南存辉看来，"生于忧患，死于安乐"与盖茨那句"微软离
破产永远只有 6 个月"有异曲同工之妙。通俗一点说，就是要具有
危机意识。一个国家，如果没有危机意识，不思进取，那在世界民
族之林就不会有相应的地位；一个企业，如果没有危机意识，只能
在原地踏步，早晚有一天会垮掉；而一个创业者如果没有危机意识，
满足于已经取得的一点点成绩，那企业早晚会有崩盘的一天。

正是这种生于忧患、死于安乐的危机意识，才成就了南存辉的
创业之路，才让其走向风光无限的成功。

创业初始，从举步维艰到一步步发展壮大，南存辉时时刻刻心

怀危机意识。在求精开关厂成立之初，还只是一个前店后厂的小作坊，没有资金，没有技术，没有人才，甚至一切都要依靠"借"。可以说，注册资金只有 5 万元的厂子小得"可怜"，但正因为小，南存辉才有一种危机意识，一种忧患意识，让他战战兢兢、如履薄冰地去经营。当时，他满脑袋想的，都是如何让这个小厂立足。

温州柳市，向来不缺少精明的创业者和敢为天下先的吃螃蟹者，从当时偷偷活跃的皮包公司，再到一夜之间街道店面数不清的电器加工厂或电器作坊，可见人们的求富意识、创新意识有多么的强烈。

当温州作为一个现象，一个集体，被人们拿来谈论、回味、探寻的时候，南存辉说，是忧患意识成就了一部分温州人。

为什么说温州人具有忧患意识呢？这要从地理位置和外部环境说起。从地理位置来说，温州三面环山，一面临海，交通不便，而且人多地少，环境地域上的劣势或多或少地造成了温州人的生存危机。而当他们走在创业之路上的时候，民营企业之间优胜劣汰的残酷竞争，又让一些创业者充满了忧患意识。

南存辉说，正泰能成长，能发展到今天，能取得目前的成就，同样来自于自己如履薄冰的忧患意识。从 5 万元的电器作坊起步，历经 30 年成为一个国际大集团。回望企业发展的 30 年，南存辉的忧患意识一直是正泰的成长动力。

在求精开关厂刚刚成立的日子，注册资金只有 5 万元的这个小企业，与柳市林立的电器企业相比是那么的渺小而微不足道，南存辉和合伙人胡成中看着实力比自己雄厚的企业，从内心深处升起一种危机感，如何让企业生存下来，不至于被淘汰出局，是他们睡觉都在想的问题。

而正是靠着这种忧患意识，南存辉才战战兢兢，一步一步踏踏实实往前走，他不敢有任何的犹豫，也不敢有任何的轻敌，时刻谋划着企业的成长。

因为有着深深的忧患意识，南存辉一直在打造质量过硬的产品。当柳市的一些电器企业为利益所诱惑而生产质量低下的假冒伪劣产品时，南存辉不为所动，因为他怕。自己辛辛苦苦才让企业在柳市站住脚，如果一个不小心，就有可能前功尽弃。在他战战兢兢的运营中，求精开关厂经过 7 年的发展，已经成为拥有几百万元资产的企业。

企业散伙以后，南存辉的忧患意识更加强烈。胡成中成立了德力西电器，南存辉则成立了正泰电器，两个人依然还在同一个领域里竞争着。南存辉意识到，自己的正泰要想发展，必须走出一条不一样的道路。在探索中，他几次对企业进行脱胎换骨的改造，最终组建了现代企业结构。

当正泰成为温州数一数二的企业时，南存辉却没有被"胜利"冲昏头脑。他认为，正泰正处在"内忧外患"的双向夹击中：内忧，是曾经的合伙人今日的对手胡成中和他的德力西；外患，是进入中国市场的电器界跨国巨头。南存辉说，有一个德力西在身边，正泰不敢睡觉，有一个正泰在身边，德力西睡觉也不踏实。而现在，又加上进入中国对中国市场虎视眈眈的跨国巨头，自己怎么能睡好觉呢？

于是，南存辉又一次选择变革之路，利用正泰这个已经在市场上叫响的品牌，联合了多家企业，成立了正泰集团，走上了集团化发展的道路。

到 1998 年，正泰集团已初步形成了由低压电器、输变电设备、仪器仪表、通信电器、汽车电器等产品结构组成的产业格局，资产达 8 亿元。南存辉的个人资产也超过 2 亿元。

南存辉为了打造正泰长久的竞争力，再一次选择出发。他不仅让自己有强烈的危机意识，也让其他管理者和员工感受到了危机，他在集团内部推行股权配送制度，管理入股、技术入股、经营入股，将最优良的资本配送给企业最优秀的人才，也让正泰获得了长足发展的动力。

南存辉不仅要改革股权，也要改革产权制度，他将企业的所有权与经营权剥离，不管是大股东还是小股东，都要接受制度的考核，考核成功，继续留任，考核不合格，则要坚决"下课"。不管是不是股东，只要有能力，就可以做到管理的岗位。此举让正泰的股东们明白，不能安安稳稳地坐一辈子顺风车，在其位，必须谋其政、做其事。

生于忧患、死于安乐的意识已经让南存辉无法停下脚步了。发展到一定程度上，专业化的水已经烧得滚开，正泰在电器领域里可以坚持，但要上升，空间已经不大了，必须谋求新的转型。这次，他将转型的切入点确定为太阳能光伏产业，在他看来，这是一项有前景的产业，也是正泰新的利润增长点。太阳能产业，同样是以"电"为核心，他这样布局的用意，是让正泰的"电"与"电气"相互配合，相辅相成，以传统产业辅助新产业，以新产业带动传统产业的发展。而事实再次证明，这一次，南存辉又走对了。

危机意识让南存辉未雨绸缪，走过了一道又一道关卡。今天，正泰已经成为一个国际化的大企业，拥有很强的竞争力，但这并不代表南存辉就可以高枕无忧了，他还是心存危机。只不过他忧虑的，一部分是企业的发展，另一部分，是企业几十年以后的走向，即企业如何选择接班人的问题。

耐得住寂寞，经得住诱惑

在 30 年的创业历程中，生于忧患、死于安乐的危机意识，让南存辉一路小心翼翼走到现在。但是，成功之路不是一种因素就能决定的，多种因素作用在一起，才成就了他丰富多彩的人生。危机意识让他任何时刻都如履薄冰，而耐得住寂寞、经得住诱惑的坚持、坚守，也成就了正泰专注、专业的发展之路。

南存辉说，自己做企业刚刚赚到一些钱的时候，也有些找不到方向，也曾经是别人口中的"有钱老板"，脖子上也曾经挂着一条金链子招摇过市。但是，这种现象只是昙花一现，自己很快就发现，这样的生活不是自己的目的，太空虚。

他也曾反复思考，做企业的最终目的，到底是什么。如果说最初的目的是赚钱，是实现个人的理想，那当钱积累到一定程度后，自己的理想又是什么呢？不断的探索，不断的实践中，南存辉的目的逐渐清晰：做企业不能不赚钱，但不能将赚钱作为唯一目的，钱只是一个概念化的数字，多一个零少一个零关系并不大，最主要的，是这一生，要留下一些什么。经营企业，如果没有企业精神，每天只是被动的向前走，那这个企业不会走得太远。

沉淀过后，南存辉找到了自己的感觉。他希望能将企业做大，做强，做精，争创世界名牌，实现产业报国。自此以后，他的心境再也没有改变，一直在这条路上探索着，前行着。

2014 年，正泰迎来了自己的 30 岁生日。历经 30 年岁月的洗礼，如今的正泰，已经不再是电器领域里的一颗新星，它成长了，也成熟了，在中国，在世界，都有了自己的口碑。不过，只有一手扶持、抚育它成长的南存辉知道，在这 30 年的岁月中，它饱经了多少风霜，面临了多少困顿与转折，正是凭借着不屈不挠的毅力，在每一个关节点，它最终都化危为机，渡过了艰难期，走向了另一个起点。

南存辉是一个耐得住寂寞的人，也是一个禁得住诱惑的人。企业发展 30 年，这样的例子并不在少数。

在国内的房地产发展步入最为红火的时期，在温州这一块"富得流油的地方"，一些民营企业的大老板开始涉足这一领域，来竞相蚕食这一领域的高额利润。在柳市，投资房地产的电器企业不在少数，南存辉曾经的合伙人，也是兄弟的胡成中，也勇敢的抓住了这一机会，扑身跃入房地产领域中，并在其中收获了不少。

房地产领域是高额回报的领域，虽然这也是一个烧钱的行业，但在高额的回报下，人们还是纷纷投身其中，正泰的一些股东也"蠢蠢欲动"，他们也希望在这个领域里赚一把。但让这些股东没有想到的是，他们的领头人南存辉却不为所动，任凭众人磨破了嘴皮子，他也坚持不投资。甚至有银行主动找到南存辉，要给他几千万的贷款；有企业找到他，要给他提供地皮，这些诱惑都没有对他见效。南存辉告诫正泰股东和全体员工：正泰要想成就"打造世界一流电气制造企业"的目标，就要经得住诱惑，耐得住寂寞。

为了坚守，为了将电器这壶水烧到 100 度，一方面，南存辉明确了企业的发展目标，而不为任何利益诱惑影响；另一方面，他也推掉了很多社会活动，将更多的精力放在企业的内部管理和未来发展的决策上。

对此，有人批评南存辉，说他太过保守，不会抓住快速扩张的机会。也有人感到遗憾，认为南存辉在房地产最红火的几年没有进入其中，至少丢掉了上百亿的收入。面对众人的评说，南存辉总是一笑置之。

在众多企业大搞多元化投资的时候，南存辉却将精力放在自主知识产权产品的开发和内部管理的提升上，一批又一批具有自主知识产权的新产品应运而生，受到了国内外市场的青睐。而几年以后，在房地产的热潮逐渐退去的时候，一批前赴后继的房地产投资者开始受到拖累的时候，南存辉已经在自主创新的路上走了很远。

太阳能光伏产业，在中国尚属于一个新生的领域，南存辉进入其中，存在着一定的风险，也需要极大的勇气。但是，风险总是与机遇并存。可以说，正泰在布局新能源后，也经历了很大的考验：国际环境的影响，金融危机的冲击，南存辉在这条路上走得惊心动魄。

2013年，光伏巨头无锡尚德正式宣布破产，不少企业在反思的时候，唱衰光伏业的声音开始此起彼伏。南存辉则说，一个战略性新兴产业的兴起一定要经过激烈的竞争、大浪淘沙，这个时候，就要看谁能耐得住寂寞，坚守到最后。

"只有在突然退潮的时候，你才知道谁在裸泳。"2008年全球金融危机发生之时，"股神"巴菲特在致股东的一封信中的这句话，在南存辉看来，用来形容目前光伏产业的发展再恰当不过了。虽然光伏业遭遇严冬，一些企业没有顶住压力而走向破产的境地，但大浪淘沙，留下来的，一定都是最好的，一定能在这一行业中笑到最后。

对企业来说，快速发展固然重要，做大做强固然重要，但走得久，走得远，才更重要。耐得住寂寞是一种心境、一种精神内涵，忍耐寂寞的同时，也蓄积着惊人的力量。寂寞不是一首悲歌，而是一条滚滚向前的大河，耐得住寂寞，才能收获无限风光。

诚信为本，打造正泰金名片

在企业发展的最初阶段，他耐得住寂寞，在电器生产这条路上稳步走着；在企业走向辉煌的时候，诱惑也越来越多，他经得住诱惑，一心一意做电器。终于，他将正泰电器这壶水烧到了滚烫的100度。

正泰集团的快速、健康发展，让社会上越来越多的人开始关注正泰。在热议正泰的同时，也有人从不同的角度去解读它，并把它作为一种现象去探寻。新闻界、经济界、理论界，纷纷探访正泰快速发展的原因，审视正泰每一步的成长之路。正泰的成功是诸多因素综合作用的结果：生于忧患、死于安乐的危机意识是一种因素；耐得住寂寞、经得住诱惑的专注也是一种因素；质量为王的产品质量还是一种因素。正是这些因素作用在一起，才带动了企业的发展。

大凡成功的创业者，身上都有一种相同的特质。中国内地富豪榜开创者胡润，统计了100名成功企业家，分析出他们共同的品质有如下10项：诚信、把握机遇、创新精神、务实、终身学习、勤奋努力、非凡的领导才能、坚韧执着、敏锐的直觉、敢于冒险。从中我们可以看到，在这10项共同的品质中，诚信排在首位。而另一项对企业家的调查也显示，几乎所有功成名就的企业家，都认为诚信非常非常重要。做事情，首先就是要做人，而做人，首要的又是讲诚信，做大事者最忌与无诚信者来往，如果没有诚信，也不可能创造出更多的财富。

"诚信是一个人的立身之本，更是一个企业的立企之本！"南存辉对诚信如此评价。他不仅这样说了，更这样做了，30年如一日，无论是大事还是小事，他时时以诚信为准绳。

信，《说文解字》中的解释是："信，诚也"。信，即守承诺、讲信用。信的基本含义是守诺、践约、无欺。

中华民族向来有重信重诺的传统。古代先贤孔子曾说："人而无信，不知其可也。大车无輗，小车无軏，其何以行之哉？"这句话翻译过来就是："一个人不讲信用，（我）不知道（他）该怎么办。（就像）牛车没有车辕与轭相连接的木销子，马车没有车辕与轭相连接的木销子，它靠什么行走呢？"由此可见，"信"对于人的重要性。所以，人们常说，人无信不立，业无信不兴。

企业家有着怎样的性格，秉持着怎样的发展理念，对企业自然有着直接的影响，因为企业要以他的决策为依据。夸张一点说，一个没有性格的企业家，企业的发展前景是不堪想象的。作为正泰集团的领航人和掌舵人，在正泰30年的发展进程中，南存辉一直在打造"诚信"这张牌。

在南存辉最初创办企业的日子里，正是温州假冒伪劣产品盛行的年代，刚开始涉足商海的大部分人，最主要的目的都是为了赚钱，为了探索摆脱贫穷的路径，所以，大部分人打破了"诚信"的底线。

但是，正是在这样一个缺少诚信的大环境中，处在这样一个缺少诚信的非常时期，南存辉所坚持的"诚信为本、诚信为先"的理念，才显得那么难能可贵。正泰没有在这个大染缸里沾染上市俗之气，反而以诚信赢得了发展，赢得了客户。"出淤泥而不染"，用在南存辉及他所领导的正泰身上，真是再恰当不过了。

在企业的发展进程中，关于诚信经营的案例有很多，有一个故事值得一提。

那是十几年前的一个冬天，南存辉精神抖擞的来到公司新布置的一个会客厅，会见来自中亚的三位客商。做企业多年，他参加过无数次商务谈判，这次，他依然同往常一样，先介绍自己的企业，以使客户对自己的企业有一个初步的印象，增加合作的成功率。

"正泰是一个民营企业，上一年度资产……"南存辉话还没有说完，现场的翻译就利用翻译的时机打断了南存辉的话，他用中文对南存辉说："这三个客商都是中亚人，完全不懂中文，为了体现你的合作实力，你可以把企业规模和利润说得再大一点。这样，更能增加合作的胜算。"

如果换作别人，也许会顺着翻译的话，往下说一个虚数，毕竟，这是一次难得的机遇。但南存辉则说，有多大就要说多大，不能弄虚作假，这单生意做不成，可以再谈其他生意，如果丢了诚信，就是得不偿失，所以，我们宁可少作一笔生意，也不能故意欺骗人家。

当然，这个谈判中的插曲并不为三位外国客商所知，三位客商也没有因为正泰的规模不大而放弃签单。当南存辉在一亿元的订单上签下自己的名字时，他庆幸自己坚守诚信的原则，没有让自己的心灵受到拷问。那天，南存辉和客人签字、合影、出席晚宴，自始至终，笑容一直挂在他的脸上。当然，这笑容中，不仅是签下订单的兴奋，更多的也是因为自己的诚实、自己的实事求是得到了认可。

南存辉的诚信，除了对外交往中表现出来的实事求是，也被理解为对承诺负责。诚信，不仅体现在对外的交往中，也体现在尊重客户的基础上。一次，上海的一个客户来电反映，说他们订购的正泰的产品，在质量上未达到使用标准。

听闻此事，南存辉立刻派人飞到上海，去检查情况出在哪里。两天后，派去的人给南存辉回电话称：找到原因了，不是产品自身的问题，是客户在运输中不小心让产品受了潮，责任不在正泰，而在客户。南存辉明白事情的原委后，对派去的人说，正泰要急客户之所急，想客户之所想，这批产品虽然责任不在正泰，但一定要让客户使用的正泰产品完全达到标准。在南存辉的指示下，被派去上海的人在客户那里忙了一周，终于调试完了所有的设备，让设备没有任何问题的投入使用。

在对员工、对人才的要求方面，南存辉看重的首要一点，也是诚信。作为正泰的员工，你可以不优秀，可以不突出，但你不能不讲诚信，如果缺少诚信，那对不起，你再有才华，再有能力，正泰也不会接收你。对于正泰集团选用的人才，南存辉明确要求：诚信是考核的重要指标，对于不讲诚信的人，即使有很强的能力，正泰也要坚决"忍痛割爱"，绝不能让这类人进厂。

有人问南存辉，这是不是太教条化了？企业坚持诚信的出发点是好的，但在特殊情况下，可否变通一下呢？因为在激烈的市场竞争中，一味坚持诚信，在某些情况下也会吃亏。

而南存辉则认为，吃亏是福，一直坚持诚信，在某种情况下可能会吃亏，但从长远来看，企业不会永远吃亏。诚信是一个人的立身之本，也是干大事业者必不可少的素质。试想一下，如果与你做生意的伙伴不讲诚信，你同他合作一次，还会合作第二次么？

南存辉不会，他不会与不讲诚信之人交往，如果发现做生意的伙伴不讲信用，他肯定会放弃同对方的来往。

南存辉说，要想把正泰做大做强，要想把正泰打造成百年老店，有一些原则是必须坚持的，比如诚信。他以温州当时的假冒伪劣产品事件为警戒，时时提醒自己要吸取经验教训。

确实，因为假冒伪劣产品一时盛行，温州在全国甚至在全世界都"出名"了，人们提到温州，就自然而然地把它与"假冒伪劣"联系在一起，"假冒伪劣"甚至一度成为温州的代名词。因为缺少诚信，缺少信誉，温州事业曾一度陷入低谷，用了许多年才消除了不利的影响。这在南存辉看来，是非常值得借鉴的。他说，做企业，可能你一直在小心翼翼，一直在辛辛苦苦经营，但只要一个不慎，就可能让企业走向万劫不复的境地。

南存辉不仅自己讲诚信，还要求员工讲诚信，从上到下，着力打造"诚信正泰"这张金名片。

除了自己和员工、企业讲诚信外，他还注意保护自己的品牌，以防止"假冒伪劣"损害正泰的信誉。早在1996年，正泰就最先成立了首家民营企业打假办公室。南存辉说，一个人监督，力量是微不足道的，但如果大家都来监督，假冒产品将无所隐藏。

群众的眼睛是雪亮的，为了调动群众参与打假的积极性，正泰建立了群众举报渠道，并规定以查获假冒产品价值的40%作为奖励。自1996年以来，正泰每年用于打假的经费超过500万元。正泰也多次被国家、浙江省评为"重合同守信用"企业。

自主创新，打造自立品牌

盘点南存辉的创业智慧，你会发现，他的智慧体现在创业中大大小小的事情上，体现在他运营与决策的每一步。生于忧患、死于安乐的危机意识是一种智慧；耐得住寂寞、经得住诱惑的专注意识也是一种智慧；打造诚信金名片的行为更是一种智慧。如果将这一切都算作正泰成功的外因，那内因，则是南存辉一直坚持的自主创新。30 年来，正是依靠自主创新，正泰才能在柳市众多电器企业中脱颖而出，走向全国，走向世界，引领着时代发展的潮流。

南存辉认为，社会对所有创业者来说，都是"机遇均等"的，而同样是创业，结果不同，是因为起点及行进的方式不同。

南存辉是一个创业者，是一个非常成功的创业者，他将一个前店后厂的小作坊，打造成了一个国际化的大集团。

南存辉更愿称自己是创新者，他说，正是依靠着时时持有的创新精神，才能将正泰这个企业做大做强。"啃别人嚼过的馍是没有味道的"。为了不啃别人嚼过的馍，南存辉从创业伊始，就着力打造品牌独立、品牌自主之路，而这条路的铺设，当然是通过创新来实现的。

创新是南存辉的发展思路，也是正泰的发展战略。南存辉明白，创新意味着风险，自主创新意味着更大的风险。但是，如果不创新，企业就只能"半死不活"；只有创新，才有自立的底气。创业，就是要自主创新，这既要有激励成功的胆识，又要有接受失败的勇气，更要有尊重失败的胸怀！而这，恰恰是南存辉所具备的优秀品质。

南存辉自己，有着很强的创新精神。他会时不时的从别人那里寻找发展的经验，并借鉴过来，通过消化吸收，再通过创新改造，拿过来为己所用。

正泰的管理人员都知道，他们的董事长南存辉，是一个非常善于学习的人，只是，他的学习不是死读书本，而是通过读，获得对自己有用的信息，进而从中探寻正泰可以借鉴、利用的东西。

南存辉要求所有管理人员读《挑战极限——通用电气奇迹解密》，从中，他发现了可以为正泰所用的创新点；南存辉还要求管理人员，要熟读《六西格玛管理》，当然，读不是目的，重要的是，要从中找到正泰可以借鉴的管理方式，应用到正泰的发展中。

六西格玛，是指换算为百万分之三点四的错误率的流程变化，是一种改善企业质量流程管理的技术，以"零缺陷"的完美商业追求，带动质量成本的大幅度降低，最终实现财务成效的提升与企业竞争力的突破。

对正泰来说，六西格玛，首先意味着精益生产，这也是南存辉创新的首要目标。

2000 年，正泰内部发生了一次生产事故。有 2000 台交流接触器出厂时发现不合格，原因是生产之前漏检了其中一个零部件的尺寸。南存辉立即拍板，要将故障零部件完全拆除后全部销毁，并重新制作组装。这一决定，对当时接触器公司生产部门的负责人震动很大，在他看来，这是一个小问题，只要用锉刀修一下零部件的毛刺，产品就可以继续使用，但精益求精的南存辉不允许有一丝差错。

不允许差错的存在，一方面是对产品质量的要求，一方面也是南存辉对技术创新的追求，他希望以每一次的小事件为标杆，使正泰在发展过程中不断追求创新。而这些年，正泰一直在追求创新，质量创新、技术创新、营销创新、体制创新、管理创新，正泰的创新故事，说起来足足有一箩筐。

在各种创新中，技术创新是企业发展的持续推动力，而科技创新是品牌存在的基础，也决定着品牌的价值。南存辉把技术创新作为头等大事来抓，并为此付出了很大的心力和精力。在正泰技术创新的道路上，有一段不得不提的历史，那就是正泰同跨国企业施耐德之间纠缠了多年的恩恩怨怨。

在中国改革开放进程不断加快的前提下，中国的市场也发生了深刻的变化，逐渐由卖方市场转变为买方市场，而这个时候，一批经验丰富的跨国企业开始闯进了中国，闯进了温州，闯进了乐清，柳市自然也没能避免。世界 500 强企业施耐德闯进了柳市，正泰也因此陷入了与施耐德十几年的恩怨纠葛。

最初，施耐德想控股正泰，而南存辉则坚持品牌独立不松口，在不可调和中，施耐德以正泰"侵犯知识产权"为由，将正泰起诉至法院。这一起诉，一应诉，就是双方自此以后十几年纠葛的源头，正泰与施耐德一直在诉讼与反诉讼之间盘桓着。

就在南存辉最终决定发起反击的时候，很多人也为南存辉捏了一把汗。他们担心，柳市的民营企业，能打赢跨国巨头么？毕竟对施耐德来说，在全球都有着很大的影响力。而南存辉则说："中国民营企业需要克服心理弱势，既要尊重别人的知识产权，也要敢于维护自己的知识产权，既要敢于接招，又要勇于出招，维护自主创新的成果，在国际竞争中赢得主动权。"

实际上，南存辉敢于挑战国际巨头，自有他的底气，那就是：多年以来，正泰一直坚持不懈推行技术创新，已拥有 1000 多项授权专利，并主导或参与了 80 多项行业标准的制订和修订。目前，正泰已经初步形成了以温州为生产基地，以上海为研发中心，以美国硅谷为科研开发点，以大专院校和科研院所为依托的多层次、开放式技术开发体系。在正泰，技术创新是头等大事。

技术创新让正泰有了自立的底气，而体制机制的创新也让正泰拥有了持续行走的动力。在正泰走到各个关口的时候，南存辉一直是冷静、沉着的面对。为了发展，他坚持推进以产权制度改革为核心的体制创新，并率先走出了令许多人惊愕的一步：把自己的股权稀释给家族成员，再把家族成员的股权稀释给公司的各种人才。通过股权改造的形式，正泰形成了产权的多元化与社会化，也调动了公司上上下下的积极性。

股权稀释的同时，南存辉将所有权与经营权适度分离。可以说，在正泰，这种体制创新先后经历了四个阶段：股份合作、公司制、集团制、（控股）集团公司制。正泰也初步形成了以集团公司为投资中心，以专业总公司为利润中心，以基层生产公司为成本中心的母子公司管理体制。他的这一创新举措，被称为"中国民营企业家追求现代化的典型"。

除了技术创新、体制创新外，南存辉还不断在营销方面进行创新。在营销方面，南存辉的创新更是可圈可点。他从来不会抱守着残缺的思想缓慢前行，而是积极抓住各种机会，谋求转变。在正泰产品受假冒伪劣的影响而无法进入市场的时候，南存辉想到了"借产品"这一营销方式。即先把自己生产的产品让经销商拿去销售，卖出去了，再来付钱。尽管这一营销方式也存在一定的风险，但南存辉不怕，他说：如果没有风险，就没有成长，成长从来都是与风险相伴的。而正是因为这种创新的营销方式，正泰的产品才得以进入市场，并因其质量而受到客户的认可，进而打开了局面。

创新，在产品的销售过程中时时相伴。正泰在北京成立销售公司的时候，南存辉创新营销方式，决定在全国招募 20 家企业，统一标识，统一销售正泰的产品。这次，南存辉采取的还是先提供产品后付款的方式，而就在别人担心这么做会不会太冒险的时候，南存辉则再一次取得了成功。

可以说，正是时时、处处坚持不懈的创新，才让正泰的路越走越宽，而且走得越来越有底气。

第十二章
个人魅力，南存辉的行与思

做人做事做企业，时刻心存敬畏

　　企业发展的方式方法在很大程度上是企业家性格与价值观的投影，在探寻南存辉的创业智慧时，我们同样不能忽略南存辉的个人魅力，不能忽略他的行与思，因为企业家的性格和价值观会折射到企业的发展历程中，在很大程度上影响着企业的发展。

　　2014年3月24日，在正泰首次启动的高管大讲堂活动中，南存辉做了一个热情洋溢声情并茂的演讲，在这个名为《正泰战略》的演讲中，有细心人发现，"敬畏"一词多次出现在南存辉口中，是南存辉此次演讲中用得最多的词。

　　"一路走来，我们心存敬畏。"

"做人做事，要时时刻刻心存敬畏。"

心存敬畏，并不是南存辉此次演讲的"现时发明"，而是他为人处事的一贯原则和态度，也是他时时刻刻遵守的规则。

时时刻刻心存敬畏，是中国优秀传统文化的传承。在中国数千年的历史上，敬畏观念源远流长。南宋大学者朱熹在《中庸注》中说："君子之心，常存敬畏。"朱熹以此话告诫人们：人生活在这个世界上，心中应该常常存有一份敬畏。

心中存有敬畏，就是指人类在自然规律、社会规律和道德法律面前所怀有的一种敬重与畏惧心理。"敬"是严肃、认真、敬重的意思，"畏"是指"慎重，谨慎，不懈怠"。怀有这种心理，才能让人懂得自警与自省，才能在人或事面前保持客观、冷静的情绪，带来恐惧、尊敬及惊奇的感受。此外，它还能促进人与人、人与社会、人与自然形成和谐的关系。

可以说，温州商人南存辉，传承了中华文化中"心存敬畏"的理念，并将它做到了极致。他敬畏客户、敬畏产品、敬畏自然、敬畏规律、敬畏科学，时时，处处，以敬畏之心对人对事。

发展到今天，有着 30 年成长历程的正泰可以说并不缺少客户。而无论是从前店后厂起步的电器小作坊，还是今天商场上叱咤风云的正泰集团，南存辉对待客户始终都心存敬畏。在企业刚刚起步的时候，他对客户心存敬畏，在正泰企业越做越大、做到国际化的时候，他依然对客户心存敬畏，并没有因为"店大"而"欺客"，也没有自鸣得意而不知所以。

在刚刚放下修鞋的担子开始租用电器柜台卖电器产品时，因为不懂技术，又没有先进的生产设备作支撑，完全靠着手工操作进行

"小打小闹"，南存辉的心里自然"畏惧"，害怕产品出现问题。南存辉说，那个时候，他心里最怕的，就是见到曾经的客户。有时候，客户上门来买东西，自己都胆战心惊，害怕对方嘴里会说出"我买了你的一个产品，现在出现质量问题，你得给我赔偿"之类的话。虽然害怕、担心的事情并没有发生，但就是从那时起，南存辉这种敬畏再也不曾消失。

在创业初期，他曾到河北邯郸等地去开拓市场，跑业务，推销自己的产品。每次去见客户的时候，南存辉为了突显自身的实力，更为了表示对客户的尊重，他都打出租车去；而当客户上门的时候，他则在星级酒店约客户见面。不见客户的时候，他基本上近的靠走，远的靠公交。当时，他自己舍不得花钱去打出租车，更不可能去住价格颇高的星级酒店，为了省钱，他甚至住过防空洞。但在客户面前，他不怕花钱，他说，这是一种敬畏，一种尊重。

除了对客户怀有敬畏之心，对产品这种没有生命的物件，他也时时心存敬畏。他说，产品虽然没有生命，却是有灵魂的，它包含着企业和企业家的精神。产品是一个企业的灵魂，有过硬的产品，企业才有发展的空间。创业30多年，南存辉对产品的敬畏，可以说达到了极点。而正因为心存敬畏，狠抓产品质量，生产出合格的产品，才有了今天正泰的生机和活力。

至今，南存辉依然对自己在创业初期"四顾茅庐"请来退休的工程师助力工厂发展的经历记忆犹新。而就是靠着这几位工程师的帮助，工厂才坚持搞技术改革，狠抓产品质量，并在低压电器行业领取了首张生产许可证，使得企业后期在中央整顿治理低压电器行业时脱颖而出，成为国家重点扶持对象，究其原因，还是南存辉以敬畏之心抓产品质量的结果。

可以说，南存辉对产品怀有深深的敬畏之心，自始至终贯穿于企业的发展过程中。1999 年，正泰集团陆续接到客户投诉，反映正泰旗下有几家分公司产品质量可靠性差，合格率低，存在安全隐患。听闻此事，南存辉非常生气，他马上召集相关人员，召开质量整改会议，要求查找问题出在哪里。在会议上，个别分公司的负责人不是很服气，甚至有些委屈，觉得南存辉"小题大做"。在这些负责人看来，自己公司的产品在柳市肯定是一流的，质量不比柳市其他企业差，有问题是因为客户操作不当引起的。南存辉则说，这些都是理由和借口，在他眼中，正泰的产品质量不能仅停留在柳市同行的水平上，正泰要参照的，是国内先进产品，是国际先进产品。

在这次持续了两个小时的会议上，一向好脾气的南存辉一直铁青着脸，严肃的表情让人有些害怕。会议最后决定，出现质量问题的产品停止销售，无条件退货，来往运费及一切损失全部由生产厂家自行承担。经历这次事件以后，这几家公司在产品质量上再也不敢掉以轻心，再也没有出现过类似问题。

如果说，对客户、对产品的敬畏使南存辉及正泰获得了发展的原动力，那么，对自然、对科学、对规律的敬畏，则让正泰获得了持续发展的推动力。

2012 年 2 月 1 日，1300 多名温商齐聚温州市人民大会堂，参加世界温商大会。在这次大会上，南存辉代表全世界温商宣读了《温商宣言》："我们要做责任温商。任凭商海风云变幻，我们一如既往，坚守实业……谨记自然是人类之母，敬畏自然呵护生态，宁可牺牲利润，不可牺牲环境。""敬畏自然呵护生态"，是全世界温商的宣言，对南存辉来说，更是他永恒的追求。

南存辉说，大自然是一个美妙的物体，是人类赖以生存的沃土，它不是某个人的，也不是某个国家的，它是全人类的。做企业，不能以追求利润为目的，无所顾忌地破坏自然，破坏生态。在他执掌企业的过程中，时刻以国家产业为导向去寻求发展方向，他反对那种不依照国家产业导向，而盲目扩张或低水平重复建设的行为，这种行为一般都会导致产能过剩或污染环境。在他的眼中，人与大自然是相互影响的，如果人不敬畏大自然，最终也要受到大自然的惩罚。

在将低压电器和高压电器做得风生水起之时，依据国家产业政策导向，南存辉又开始布局新能源，进军太阳能光伏产业，后来又开始做电站。这些产业都是绿色产业，是节能环保的产业。

对自然的敬畏让南存辉依据国家产业政策导向布局正泰，而对规律和科学的敬畏，则让他带领着正泰稳稳地走下去。在《大败局》一书的序言中，财经作家吴晓波这样总结民营企业共同的三点"失败基因"：一是普遍缺乏道德感和人文关怀意识；二是普遍缺乏对规律和秩序的尊重；三是普遍缺乏系统的职业精神。早期的南存辉，或许也有过一定的理想主义，但幸运的是，他身上不曾有这三点共同的失败基因，对规律、对秩序的尊重，让南存辉和他的企业一直稳稳地走着。

南存辉说，作为一名企业家，作为一名成功的企业家，要时刻保持着冷静和沉着，不能头脑发热。如果以为自己什么都能干，什么都能干好，那就是很危险了。在他眼里，放开胆子，什么都去尝试，未必是一件好事。企业决策者，一定要从实际出发，坚持自己的发展方向。正是在这种敬畏下，他坚决地抵制住了各种诱惑，坚持走专业化发展之路，坚持打造同心多元化之路，将正泰带向了一个新的高度。

因为心存敬畏，南存辉一直战战兢兢，如履薄冰；因为心存敬畏，正泰少走了许多弯路。

"做人做事，要时时刻刻心存敬畏。个人能力有限，如果觉得天下本事我最大，那可能就是失败开始的时候。"南存辉说。

责任重于泰山

时时刻刻心存敬畏，是南存辉对人对事的态度。因为存有敬畏之心，他才跨过了一道又一道障碍，路才越走越宽。当然，除了时刻心存敬畏，他也时刻不忘记自己的责任。

责任是什么？责任是一种职责和任务，是一个人不得不做的事，也是一个人必须承担的事情。责任是担当，也是付出。有责任就得有压力，有担当就得有所作为。对于责任，南存辉原本不愿意多谈。但是近些年来，他一直在为企业要履行社会责任、企业家要承担社会责任而呼吁呐喊。

南存辉不愿意说，但是行动上，却时时在做。在他心里，责任重于泰山。

责任虽然是无形的，但在很多人心中，它的重要性是无法比拟的。责任，对南存辉来说，就是敢负责、敢担当。实际上，每一个能够成功发展的优秀企业和企业家，都非常关注企业的责任和自身的责任。一个人的成功，主要来自于自身追求卓越的精神和不断超越自身、超越他人的努力。责任，是企业立足之本，也是一个人的立足之本。

人生在世，集多种角色于一身，在不同的阶段有不同的责任需要承担。南存辉时时刻刻将责任放在首位，在人生的多种角色中，他始终不忘记自己身上肩负的责任。

在父母面前，他不忘记自己作为儿子的责任。可以说，这种责任意识在南存辉很小的时候，就已经产生了。因为家境的贫寒，幼年的南存辉就懂得为家里分担，做着一些力所能及的劳动。而当父亲在劳动中受伤、家庭的顶梁柱丧失劳动能力的时候，只有 13 岁的南存辉就毅然决然地选择辍学回家，成为一名小修鞋匠。

当创办企业后，他的时间更多的投入到企业的发展和运营上，回家的时间也少了，但他时刻不忘记对父母的责任、对父母的孝道，只要有可能，他都尽量抽出时间，陪父亲唠唠家常。企业的发展遇到艰难抉择时，他也会同父亲讲一讲，征求一下父亲的意见。

创业 30 年，南存辉一直都很忙，如果说刚开始创业，是为了改善艰难的生活状况，解决吃、穿、住的问题。那当企业发展到一定规模，最初的状况已然极大改观，南存辉关注的，开始变为社会责任感，他感觉到，社会责任这副担子很重，压在身上，又不能放弃。

从 2010 年开始，正泰开始向社会发布年度企业社会责任发展报告，至今已连续发布 5 届，在这份报告中，我们看到了正泰对自身责任的关注和履行情况。南存辉说，企业要为社会的进步和经济的发展，多少做一点事情，这是企业的责任。

企业的责任，反映出的是决策者的责任意识。试想，如果一个企业的带头人没有责任意识，那这个企业又怎么能有责任感呢？"要多少做一点事情"，这句话在南存辉及正泰那里，不是"多少做一点事情"那么随意，因为这么多年来，南存辉一直将企业责任扛在肩上，以为社会生产出合格的产品为己任，同时发挥自己的热量，回报社会。

2001年，南存辉在全省率先推出职工"全员社会保险"。他认为，企业讲究以人为本，既然是你的员工，你就要为他们负责，在企业中推行全员社会保险，给员工一份保障，这是企业凝聚人心的重要措施，也是企业应尽的社会责任。

除了为全体员工办理社会保险，南存辉还老老实实纳税，从来没有少交过一分钱。做企业这么多年，正泰向国家上缴的利税，已经没有人能给出一个确定的数目了。人们说，南存辉的做法，在一定程度上纠正了人们心目中"民营企业老板都会偷税漏税"的偏见。而当外界对南存辉大加赞扬时，南存辉却表现得很平静，他说，依法纳税是每一个公民应尽的责任和义务，这是无须多讲的。

除了经营好企业以外，南存辉还连续三届当选为全国人大代表，更感觉到自己参政议政责任的重大。"当官不为民作主，不如回家卖红薯"。人大代表虽然不是"官"，但他是人民的代表，代表着人民，反映着民情民意。南存辉说，自己要代表民众的利益，在参政议政的过程中反映出民众的呼声。

"企业应切实负起保护环境的社会责任，当投资项目影响或危及环境保护时，要毫不犹豫地放弃投资项目而维护绿色环境，绝不能以牺牲环境为代价谋取利润。"

"政府要尽快制定民企社会责任考核标准和评估体系，引导、支持和鼓励企业践行社会责任。"

"减轻企业并购重组的赋税负担，修订鼓励并购的财政、税收优惠政策，支持制造业龙头企业通过海内外并购重组，实现产业整合，优化生产要素配置，带动中小企业转型升级，提升自主品牌国际竞争力。"

在历年的"两会"上，南存辉都会提出自己的观点，反映群众的呼声。他说，这是他作为人大代表应当承担的责任，应当履行的义务。

2012 年 6 月，浙江省工商业联合会主席改选时，南存辉成为新一届的主席，同时当选浙江省商会会长。有人说，南存辉不再是一个"赤裸裸"的企业家，他的身上，也有了"官员"的标签。南存辉则不认同此种说法，他认为，自己永远是一名企业家，职务就是责任，责任重于泰山。

什么是"企业家"？"企业家，就是一个把企业当'家'、当事业、当归宿的人。"南存辉说。自己首先要做的，就是办好企业，争取把自己的企业办得更加出色，能为兄弟企业提供可资借鉴的经验。同时，浙江省工商联合会是浙江省民营企业的娘家，工商联主席则是这个群体的代表。所以，自己更要履行好职责，为浙江省民营企业服务。

谈到自己身上肩负的责任，南存辉认为，自己做企业家，和做工商联主席，并不矛盾，说到底，现在自己的责任，无非就是如何平衡管好自身企业和服务广大企业的关系。而自己当尽力管好"小家"，服务"大家"，以"小家"为轻，以"大家"为重。

2013 年，连续三届当选为全国人大代表的南存辉，再次华丽转身，当选为全国政协常委。由全国人大代表到全国政协常委，南存辉说，虽然身份变了，但自己参政议政的责任感不会改变。

在 2014 年两会上，南存辉就向大会提交了自己关于民营企业接班人问题的提案。在这份提案中，南存辉提出了广大民营企业家广为关注的问题，即企业接班人的问题。南存辉例举了民营企业家在选择接班人时面临的难题，同时对民营企业接班人的培养提出自己的建议。可以说，这份提案将广大民营企业家关注的问题，上升到国家的层面。这也是南存辉履行自己的职责、承担自己责任的表现。

作为一个民营企业家，南存辉还是一个非常关注政治的人，他说过，"政治是天"。对于这句话的含义，他这样解释："作为一个企业，政治应该是天，是方向。如果天气好的话，出太阳了，可以把发霉了的被子拿出去晒一晒；如果外面正在刮风下雨，你却拿被子出去，肯定是不合时宜的。老百姓都知道'看天吃饭'的道理，企业更不能逆天行事。"依据国家政策谋划企业发展，也应当是企业的责任。

在南存辉那里，人们能经常听到这样的话："听中央的，看欧美的，干自己的"。

南存辉说："听中央的，就是要认真学习党的各项方针政策，深刻领会党中央的精神；看欧美的，即认真地向欧美等发达国家和地区学习，学习他们先进的技术，特别是要学习他们的发展经验；干自己的，即企业发展要以实际国情为基础，根据本行业和本企业的特点，走好自己的路，做好自己的事，不能完全照搬照抄别人的经验。"

在他看来，这，也是企业发展的责任。

学之涯，无止境

他时刻关注企业的责任，也时刻发挥着自己在不同角色中的责任，责任重于泰山的意识，铺就了他的一条成功之路。而担当责任之余，南存辉不断学习的态度，铺就了他与企业持续发展不断进步的道路。

有人说，他是"财迷"，还有人说，他是"学习迷"，在他的身上，时时，处处，体现出了学习的精神，向书本学，向实践学，向他人学，只要是有利于正泰的，他都会仔细琢磨一番，学习学习。

在正泰的企业文化中，有这样一项："赚钱第一，不是唯一"。南存辉认为，"赚钱第一"是企业家最大的责任，企业家的责任是赚钱，而不是做慈善，只有赚到了钱，才能维系企业的发展，从这个角度说，赚钱是第一位的；但赚钱"不是唯一"，不能为了赚钱什么事都做，违规的事不能做，违法的事更不能做，有损社会公道和职业道德的事同样不能做。除了赚钱，企业要做的事，能做的事，还有很多很多。

正泰这些年赚了多少钱，是不容易计算出来的，但可以肯定的是，正泰因为推行股权入股、要素入股、知本入股，产生了100多个千万富翁，几百个百万富翁。正因为其"赚钱第一"的企业文化理念，南存辉被一些人认为"财迷"。当然，这里的"财迷"，不是说为赚钱不择手段不顾后果，这里的"财迷"，是指对财富的追求和热爱。这种热爱也不是欧也妮·葛朗台那样的守财奴，而是"君子爱财，取之有道"。但即使这样，南存辉的老师，国学大师南怀瑾，也曾棒喝南存辉"财迷一个"。

除了"财迷"的称谓，人们还送给他一个"学习迷"的称谓。人们说，他是"最善于学习的浙商"。在他的身上，时时处处体现着学习的精神。试想，一个初中还没有毕业的小小修鞋匠，能一手创办出电器企业并将它带到上市，成为国际大集团，能在知识产权方面与跨国巨头打了十几年的官司并反诉对手侵权而赢得官司，能从低压电器起步到高压电器再到太阳能光伏产业，如果没有学习的精神，怎么可能做到这一点呢。南存辉，就是一个善于学习并在学习中成长的传奇。

学习是一个意义广泛的词，学什么？在南存辉的身上，学习体现在时时，处处。他学习企业的经营，学习企业的管理，学习自身的修行。向理论学，也向实践学；向同行学，向竞争对手学；向国内其他优秀企业学，向国际大公司学。只要是对自己有用的东西，他都颇有兴趣，并且学得深入，学得透彻，学得青出于蓝而胜于蓝。

南存辉是聪明的，他知道，哪些可以学，哪些不能学。企业的经营管理是一门重要的学问，作为企业的领头羊，能将企业带向何方，这是非常重要的。南存辉虽然出生在小小的柳市，但他具备国际大视野：刚将企业做得风生水起时，他没有学习其他创业者的多元化经营理念，将精力放在房地产等热门而且"赚大钱"的行业，而是坚持守着自己那"一亩三分地"，专心致志做电器。他不顾别人对他"保守""缺乏尝试"的批评，而是一心一意烧着自己那壶水。后来，当房地产业不景气的时候，最初的投资者已经无法抽身，主业也受到拖累时，南存辉的睿智开始被人称道。

南存辉不学同行的"多元化经营"，却学习了跨国企业的管理方式。在同美国通用电气合作洽谈的过程中，他彻底被美国跨国大公司征服，对方精细的管理、精益求精的态度、一丝不苟的作风，都成了他学习的榜样。于是，南存辉以其为坐标，向通用电气学习，学习他们的管理经验，学习他们的经营方式。于是，在正泰内部，凤凰计划应时而出。通过这一计划，南存辉变革管理，实现企业管理提升，同时带动了企业全面发展。可以说，在这方面，他学习得相当成功。

在学习方面，南存辉最为人称颂的，是他向对手学习的精神。正泰与法国企业施耐德，可以说是一对"老冤家"，双方在一起斗争了十几年。施耐德最初想收控正泰，收购不成，又想到合资，但要求是一定要控股。而天生倔强的南存辉，则要求自己的品牌独立。于是，二者之间上演了十几年的恩怨纠葛。施耐德将正泰告上法庭，认为正泰侵权，正泰则在迎战中，开始向对手学习，学习什么是知识产权，学习如何保护自己的知识产权。当这一切都学习透彻之后，南存辉这个学生，开始状告施耐德这个"老师"，青出于蓝而胜于蓝的是，老师十几年都没有告赢学生，学生却一次就将老师告倒了。这成为中国民营企业界的一段佳话。

除了学习企业的经营管理外，南存辉还特别注重自身的修行，在他看来，企业的经营者只有不断提高学习能力，才能带领企业在激烈的市场竞争中脱颖而出，才能掌好企业发展的舵。

可以说，南存辉是一个大忙人，有太多的事情需要他处理，而且作为一个公众人物，也有太多的社会活动需要他参与。所以，有人说，南存辉一年之中，有1/3的时间在公司处理重要事务，1/3的时间在国外考察，1/3的时间参加商务或社会活动。而南存辉，无论多么忙，始终都没有放弃学习。"时间就像海绵里的水，只要去挤，都会有的"。他学会了见缝插针，客人来访前、会议的间歇、出差的途中，他都会挤出时间读书，就这样，他阅读了大量的经典名著。

南存辉说，自己对学习的痴迷，是受到恩师南怀瑾的影响。以前，自己虽然也热爱学习，但都是有目的的学：学习对自己有用的东西。师从南老后，却切切实实受到了南老的影响。南老告诉他，研修学习打坐的最晚年龄是 48 岁，过了这年纪，想要学习就有困难了，就会很辛苦。而南存辉正是听从了恩师的话，开始跟南老学习研修，并且一发而不可收。

从师之后，南存辉可以称得上是一个好学生，因为师傅的每次集中开班，即使再忙，他都会尽量推掉，全身心的投入学习。平日里，他也坚持早晚静坐。一有空就认真研读禅学书籍，偶尔写写"学禅日记"。

学习，让南存辉学到了企业管理的智慧。南存辉的老师南怀瑾，在学术研究上非常重视古为今用。《资治通鉴》在古代本来是给帝王治国看的。南怀瑾推荐给自己的学生学习，并组织大家结合企业实际分组讨论。在读到《资治通鉴》"秦记"部分时，南存辉就开始思索：秦朝曾经那么强大，却也不可避免地走向灭亡，这对企业家办企业，有什么启示呢？在同老师和学员的讨论中，南存辉开始明白，作为一个领导，带领一个企业，如果懂得了这些用人之道，就可以"治大国若烹小鲜"。在南怀瑾讲"文景之治"这一中国历史兴盛时期，当时的统治者"内用黄老，外施儒术"的治国方略时，南存辉更深刻地明白，假如什么都是方的，肯定要磕磕碰碰，而什么都是圆的，又不会有支点，所以，要懂得外圆内方，以柔克刚。

学习，让南存辉学到了淡然处世，乐观看问题。南存辉认为，中国文化博大精深，在学习中，他能时时感受到文化的力量，感受到古人的智慧对于今天的发展，同样具有重要的借鉴意义。在正泰的发展过程中，他时时思考着，如何才能把中国的传统文化融入到企业的发展中，在弘扬传统文化的同时，促进企业自身的发展。

在学习中，南存辉感受到了中国传统文化力量的强大，说传统文化"改变了自己的心态"。近几年，正泰在布局太阳能的同时，也曾陷入"滑铁卢"的困境，经历了太阳能的风波，经历了金融危机带来的冲击，而自己，能始终保持平和的心态，面对来自各方的压力，心平气和的处理各种问题，很大一部分功劳，要归于中国传统文化的影响。

他说，有些事情是很自然的，主要在于人们的心态。他用"鸟鸣与心情"做了一个生动的比喻：同样是一声鸟鸣，心情好时，说这是鸟语花香；心情不好时，说鸟叫声吵死人了。这，就是心态的问题。

"不管顺境逆境，切莫止境"

学习是一件美好的事情。通过学习，南存辉变得越来越有智慧；通过学习，他更好地调节了自己的心态。虽然他被称为"温州最有风度的老板"，但作为一个公众人物，他还是尽力做到严谨，做到一丝不苟，大多时候都是一副西装革履的造型，给人的感觉是非常正式和端庄。

但是，南存辉有"改变风向"的苗头。2014年1月，由红旗出版社推出的《南存辉讲故事》新书首发，在这本书的封面上，南存辉一改往日西装革履的造型，以一身红色皮夹克形象出现，显得那么随意，那么自然。这对于习惯了南存辉西装革履造型的人来说，突然之间还有些不适应。他们在私下里也说，这几年，南存辉由"财迷"变成了"学习迷"，而到了"知天命"的年龄，更开始转变

"心性"了。

当然，也有人提出不同意见，说他不是转变了"心性"，而是为了图书内容和主题的需要。因为既然是讲故事，当然要轻松随意一点，不能西装革履的坐那讲故事吧，故事毕竟是幽默诙谐的，这一造型，才与图书的内容和主题相配。

被誉为"中国新兴民营企业代言人"的南存辉，算得上是一个地地道道的草根浙商，在他 51 年的传奇生涯里，困顿与复起、失败与荣辱如影随形。如何对待这一切，南存辉信奉的是："不管顺境逆境，切莫止境"。这短短 10 个字的词语，看似简单，实则演绎出南存辉的人生智慧和人生哲理。

南存辉说，顺境不要忘乎所以，逆境也不要悲观失意，只要不止境，继续前行下去，就总会有所收获。

南存辉说，在困难和挫折面前，人要勇敢地去面对，不能只是一味的抱怨甚至于消沉下去。虽然逆境能影响一个人，但不会控制人的命运，如何对待逆境在于自己的表现，应对生存和生活的态度及表现，才能决定一个人是成功还是失败。

说这些话，南存辉是有发言权的。因为在他的生命中，在他的企业运行过程中，他经历了太多的逆境，而走出逆境，靠的就是他的态度及表现，靠的就是"不止境"。

南存辉出生的年代，物质极度缺乏，童年的时候，南存辉的家庭生活很贫苦，住的房子是不遮风不挡雨，吃的更是有了上顿愁下顿，在艰难困苦中，南存辉渐渐地成长着。而在勉强填饱肚子的日子里，小小的南存辉就在逆境中顽强地成长着。

13 岁那一年，南存辉遭遇了人生中的第一次抉择。现实迫使他不得不放弃学业，独自一人挑起养家的重担，成为了一名小修鞋匠。3 年的修鞋匠生涯，是他遭受逆境的一次蜕变。在这段时期，他面对过太多：难堪、怜悯、气馁、失落，但他在走过这些逆境后，却也得到了很多：生存之道、质量为王、坚韧不拔、坚持不懈等等。可以说，正因为这段逆境中南存辉没有停止前进，所以才有了后来的正泰，才有了后来的南存辉。

南存辉做企业 30 多年，遇到的困难绝不在少数，但在逆境中，他从来都没有过停止前进的脚步。

16 岁那年，南存辉与几个合伙人涉入电器业，却因为辛苦一月只赚了 35 元，最终分道扬镳，在这种境况下，他依然没有退缩，而是选择了坚持。他认为，自己选择的是一条正确的道路，要坚持走下去，只要坚持，就有成功的机会。

他的坚持让他再次挺过逆境，引来了日后的合伙人胡成中。

和胡成中注册成立求精开关厂的最初，缺少资金，缺少技术，缺少人才，如何让厂子运转起来，成为南存辉面临的又一道关卡。但是南存辉见招拆招个个击破，借来了技术、借来了人才，通过借鸡生蛋的方式，让求精开关厂运转了起来。而且在他的谋划下，求精开关厂以质量立足，在柳市低压电器行业中崭露头角，成为柳市一枝独秀的低压电器厂，并得到政府的重点扶持。

南存辉说，人生会有很多困难和挫折，面对这些困难的时候，想到的不是逃跑，不是放弃，而是勇敢的迎上去，直面困难，想办法解决，找到一条生路。

南存辉和合伙人胡成中分手以后，成立正泰电器有限公司的时候，也正是柳市低压电器业混乱无序的时候，恶性竞争状况非常严重。或许是因为他"一枝独秀"，或许是因为畏惧他的胆量和魄力，南存辉成为众矢之的，个人也遭受到威胁，遭受到恐吓。如果是其他人，这个时候，即使不退缩，可能也会胆战心惊而深受影响，但南存辉并没有受到打击就停止不前，他以超乎常人的魄力和雷厉风行的做法，将正泰推向一个高度：他联合多家企业成立正泰集团，并通过三次稀释股权，让企业走上了规范化发展的道路。

随后，他与施耐德开始了十几年的恩怨纠葛。陷入与跨国公司的知识产权纷争中，对于一个民营企业来说，算得上是处在极大的逆境中，但正泰的掌门人南存辉，没有退缩。于是，有了一次次的诉讼与反诉讼，一次次的折腾也许让施耐德都有些筋疲力尽，但南存辉却越战越勇，精力越来越充沛，最后，在时机成熟时，他迅速举起反击的武器，将对手施耐德彻底打晕了——南存辉反诉施耐德侵权，而且做足了准备。事情的结果，以南存辉打赢了官司而告终。

南存辉说，人生谁也无法预料，三十年河东，三十年河西。遇事时，不要躲避，人最可怕的就是心志的放弃，只要不放弃，不停止前进的脚步，就一定会走出困境，迎来光辉灿烂的未来。

"以出世的态度做入世的事"

随着年龄的增长，南存辉似乎也看淡了很多事情，青年时那种雷厉风行的作风，慢慢地在向着另一面转化，他变得越来越"柔"，确切地说，是变得越来越"圆滑"。

最近几年，在不同的场合，南存辉时常提到，要"以出世的态度做入世的事情"。对此，有人说，南存辉自从师从了国学大师南怀瑾以后，受南老的影响非常深，连说话的方式都变了，越来越深奥了，越来越有哲理了。

什么是出世？什么是入世？这里的出世，并非惯常所说的"出生"或者"产生"，这里的入世，也与"加入世贸组织"八标子打不着关系，这里所说的"出世与入世"，是一种哲学上的话题。出世与入世，在佛家、道家、儒家各大家中都有相关解释。

佛家的解释是："出世"——遁入空门、清心寡欲、万世皆空；"入世"——步入烦世、宣扬佛法、弘扬文化。出世追求的是脱离凡世间的困扰和诱惑，去除一切杂念，舍弃身外之物；入世追求的是一种修行，通过教化大众以求正果，代表了一种乐观积极的态度。

在道家，所谓出世，是指修道者隐居避尘，专注于自己的身心修炼；或者出离世间，使自己身心清静自然。所谓入世，是指修道者入于世间以解除众生痛苦、普度众生。

而在儒家，关于出世入世，主要讲气节。不以财富、权力、声望为追求目标，而讲修身、养德、济世。

佛、道、儒三家的观点，虽然角度不一样，但从中我们可以发现其比较相近的说法，即都提倡一种观念，一种态度。

现代人对出世与入世的理解是：出世，就是要尊重生命、尊重成长、尊重客观规律，在全力以赴的同时，也要保持自然的心态，顺其自然。入世，就是把现实生活中的恩怨、得失、利害、成败、对错等作为行事待人的基本准则。以不苛求完美的心态对事，以平和的心态对人。

在南存辉看来，出世与入世，说的就是一种态度，一种人生观或世界观。在他的观念中，"以出世的态度做入世的事情"，就是要以平和的心态，去对待生活中的一切利害得失。也就是"以平和的心态做人，以积极的心态做事"。

实际上，纵观南存辉51年的生命历程，纵观他30年经营正泰的历程，很多事情，无形中都反映出了他的这种品质。

比如，南存辉没有想到，自己走上社会后的第一份工作，竟然是修鞋。3年的修鞋生涯，他没有得过且过，而是从那时就展现了他智慧的人生观——靠着质量和诚信立足，逐渐有了自己的名头。

当时的南存辉，显然还不明白何为出世与入世，但他的做法却无形中反映了他正在逐渐形成的人生观和世界观：他能以平和的心态，去对待生活中的一切利害得失，并且安心、安静的做着、做好应该做的事。

当然，那个时候的南存辉，也不理解"出世与入世"，但在今天看来，他的行为也恰恰反映出了他现在的风格和行事作风，那就是以平常心对待财富，不能以一时的财富摄取为最终目的。做什么事，都要一步一步，慢慢来。

以积极的心态做事情，事情就容易发生转机。在南存辉谋求出路时，胡成中找到了他，两人开始了7年的创业之旅。在此过程中，发展举步维艰，他施创新渡过难关；外部假冒伪劣产品肆虐，他坚持质量为王；发展环境恶劣、陷入瓶颈，他以大无畏精神不断闯关。正是因为没有停下向前走的脚步，求精才渡过了艰难期步入正轨。

在他眼中的幸福观，并不同财富划等号。他认为，财富是可数的，但幸福是不可数的，以不可数的东西来说明可数的东西，恰恰说明了幸福比财富更要重。不能以财富的多少来衡量幸福与否，看淡一些名，看淡一些利，才能云淡风清。他经常告诫后来之人："财富不等于幸福，不要去眼红别人。"

　　对于出世与入世，重要的是掌握一个度，过犹不及。既不能入世太深，把实际利益看得过重，也不能陷入繁琐的生活之中。南存辉说，人要站得高一点，看得远一点，排除私心杂念，以出世的精神去做入世的事业，就会事半功倍。

　　南存辉还认为，人生活在世上，也要遵守社会规则，要融入这个社会。不能只是一味的冷眼旁观，不能一味的不食人间烟火，必须脚踏实地去做一些实际的事情，这样，才不会"白了少年头，空悲切"。

　　南存辉，从来都不会患得患失，他以出世的态度，做着入世的事情。在他的眼中，天很宽，地很广。